LOUIS CHALIÈRE

INGENIO

Les sages ont dit : « Il ne faut point
« attacher son cœur aux choses passa-
« gères. »

SAADI.

PARIS

LIBRAIRIE DE ACHILLE FAURE

23, BOULEVARD SAINT-MARTIN, 23

INGENIO

CORBEIL. — TYP. ET STÉR. DE CRÉTÉ.

LOUIS CHALIÈRE

INGENIO

> Les sages ont dit : « Il ne faut « point attacher son cœur aux choses « passagères. »
>
> SAADI.

PARIS

ACHILLE FAURE, LIBRAIRE-ÉDITEUR

23, BOULEVARD SAINT-MARTIN, 23

1865

INGENIO

I

C'est aujourd'hui le 15 octobre et l'horloge de bois vient de sonner onze heures de la nuit.

Seul, au bord de la mer, dans la cabane du pêcheur, depuis quinze jours j'ai pleuré toutes les larmes de mes yeux, j'ai épuisé toutes les souffrances de mon cœur; comme le misérable, j'ai levé les mains vers le ciel et j'ai invoqué les puissances divines ; j'ai tordu mes bras dans la douleur ; je me suis jeté au pied du lit funèbre, et j'ai sangloté en serrant contre ma bouche et contre mon cœur l'oreiller qui la soutint !

O Dieu ! me suis-je écrié, pourquoi l'as-tu tuée ? Et j'ai voulu blasphémer, mais le blasphème s'est arrêté sur mes lèvres et j'ai caché dans mes mains tremblantes ma tête accablée. O Dieu ! pourquoi l'as-tu tuée, pourquoi l'as-tu brisée si vite, la malheureuse que tu semblais enfin avoir prise en pitié ?

On a voulu me consoler, mais je n'ai rien répondu, car ma douleur, je le sens bien, ne finira qu'avec moi. Non, je n'ai voulu rien entendre : je me suis enfermé dans cette chambre nue où son dernier soupir s'est exhalé, où sa voix plaintive semble encore me parler : cette chambre, elle a l'air d'un sépulcre et son horloge enfumée me semble l'horloge de l'enfer. Aujourd'hui cependant, pour la première fois, j'ai senti un léger soulagement, et après tant de nuits et de jours effrayants, comme un nécromant examine une tête de mort, j'ai pu contempler silencieusement mon infortune.

Maintenant la nuit est venue. J'ai allumé la lampe de zinc qui fume ; je me suis assis, morne, devant la table boiteuse ; j'ai ouvert la fenêtre pour regarder la campagne et je l'ai refermée, car cette lune blafarde me fait peur.

Puis, j'ai déroulé lentement les feuilles de papier sur lesquelles, d'espace en espace, lorsque j'étais heureux, j'écrivais les événements de chaque jour et les impressions de mon âme. Ces notes éparses et sans suite, avec mes souvenirs toujours vivaces, je les complète donc et les mets en ordre, pour qu'un jour, plus tard, si je survis, je puisse les relire.

Quoique j'aie passé vingt ans sur la terre, les huit mois dont je refais l'histoire sont toute ma vie, car la vie, la vie véritable, n'est pas dans la tête qui pense ni dans le corps qui marche, mais dans le cœur qui sent, qui bat et qui aime.

Or, voici comment j'ai vécu.

II

Le soir du 23 janvier 18... j'allai à l'Opéra-Comique : on jouait la *Dame Blanche*. Du chef-d'œuvre de Boïeldieu, je ne connaissais guère que le titre et aussi peut-être un peu le chœur des montagnards et l'air de la ballade, que je modulais quelquefois sur un faux ton pour les avoir entendu chanter une fois dans un concert et souvent dans les rues par les musiciens ambulants.

Sur la foi du titre, j'imaginais un merveilleux poëme, plein de mystère comme une légende, plein de poésie comme un chant d'Ossian. Je pensais que quelque hardi chevalier du moyen âge entrait la nuit dans un château désert, noire prison d'une châtelaine condamnée par un magicien, et que des voix invisibles l'avertissaient de prendre garde. Quant à la musique, tout ému encore de mes vagues réminiscences, je rêvais à des accords harmonieux, empreints d'une certaine mélancolie mystique, ainsi qu'il convient au ciel brumeux de l'Écosse.

Ainsi songeant, j'entrai dans la salle avec la douce espérance de voir se réaliser mon rêve.

De ma stalle, avant le lever du rideau, je jetai un regard distrait sur la galerie, passant des loges aux avant-scènes, des avant-scènes aux fauteuils avec une égale indifférence. De tout ce monde souriant et paré je ne connaissais personne et personne ne me connaissait. J'avais alors dix-neuf ans. Je n'avais pour toute famille qu'une vieille tante qui, mes études terminées, m'avait envoyé à Paris pour y étudier le droit, et chez laquelle j'allais passer un ou deux mois chaque été aux environs d'Angers. J'étais orphelin et sans fortune. Je n'aspirais à rien : je n'avais nulle ambition, nul enthousiasme, nulle espérance ; de bonne heure, aigri par l'expérience du mal, je me disais que c'était folie de croire à la vie, et j'allais parmi les hommes solitaire, ennuyé et grondant, sans autre passe-temps que la lecture des romans qui m'avaient entièrement faussé l'imagination. Je vivais plutôt en esprit dans une sorte de paradis mahométan peuplé de houris que dans le monde réel qui m'entourait.

Aussi les théâtres qui réalisaient un peu cet idéal fantastique de mes rêves m'attiraient et me charmaient, et les soirées assez rares que j'y passais étaient les plus heureuses de ma vie.

Ce soir-là donc j'étais à l'Opéra-Comique et je considérais la galerie. Au bout de quelques minutes, les trois coups retentirent, mes voisins s'assirent et je fis comme eux. On joua l'ouverture : j'écoutai avec recueillement. Aux sons des instruments, je sentis se réveiller tous les fantômes qui depuis longtemps dormaient en moi, et, comme dans la ballade allemande, je les vis défiler dans une ronde, tour à tour fougueuse ou mélancolique, selon les accords de l'orchestre. Puis, lorsque la toile se leva, tous ces fantômes prirent un corps ; ils se mirent à courir sur la scène, à parler, à chanter : c'étaient les montagnards écossais dont j'écoutais le chœur, tandis que mon esprit s'envolait vers les rivages de l'Écosse Je voyais et j'inventais, j'assistais à une scène réelle et je pensais à un drame imaginaire, confondant dans une hallucination déréglée le dialogue de Scribe, la musique de Boïeldieu avec les récits d'Ossian et les rêves incohérents de mon cerveau.

Tout le premier acte passa ainsi devant mes yeux et jamais je ne fus plus impropre à juger une œuvre, et jamais non plus aucune œuvre ne me pénétra aussi profondément.

C'est au milieu de ce chaos de mes idées que pour la deuxième fois se leva le rideau ; et c'est de ce chaos que, comme la Minerve olympienne, sortit ma première et dernière passion.

La vieille Marguerite avait terminé sa complainte, et, comme elle, j'attendais avec anxiété l'arrivée de miss Anna.

Enfin elle parut.

Oh! mon Dieu! il n'en fallait pas tant pour me faire perdre la tête.

Non, jamais apparition céleste ne frappa plus vivement anachorète en extase que ne me saisit en ce moment la femme vêtue de blanc qui s'avançait vers la rampe.

A sa vue, le silence se fit dans mon esprit; théâtre et les spectateurs cessèrent d'exister, et mon âme passée tout entière dans mes yeux ne vit, n'entendit, ne comprit plus que la femme au radieux visage qui ne devait plus être pour moi que la Dame Blanche. A peine entendis-je le léger murmure qui salua son entrée et qui suivit presque tous ses chants.

Ce murmure, c'était, à mon sens, l'admiration et l'amour, éloge tendre et passionné que la foule adressait à l'actrice et qui résonnait si profondément dans mon cœur.

Cette émotion extraordinaire qui m'étreignait

alors au point de me rendre insensible à moi-même, je ne saurais la définir : qui définira jamais le premier battement de l'amour? Mais ce que je sais bien, c'est la révolution complète que cette vue opéra dans tout mon être, et qui, entre cette heure et la précédente, mit un immense espace.

— Un homme et une femme, accouplés par le plaisir, m'avaient donné la triste vie du corps; une femme et la musique, dans une soirée délicieuse, me donnèrent le souffle inspiré qui crée l'âme humaine et la fait palpiter.

Oh! qu'elle était belle cette femme et comme sa présence me ravissait! Comme j'aurais voulu être Georges Brown pour l'avoir à mes côtés, sentir son haleine dans mes cheveux et sa main sur mon bras! Comme ses yeux noirs faisaient vibrer en moi des fibres frémissantes, et quels tressaillements je ressentais aux frôlements de sa robe blanche sur la scène!

J'en étais au plus profond de ce ravissement extatique, quand la toile tomba et les accords cessèrent. J'entendis autour de moi éclater des bravos, crier des voix; la toile se releva, l'actrice reparut dans ses vêtements blancs et salua; puis le rideau s'abaissa de nouveau et tout fut terminé.

Pendant que la foule s'écoulait à travers les issues, je restai comme pétrifié sur mon banc; les yeux attachés à la toile, ma pensée la traversait pour aller chercher au delà les traits qui m'avaient ébloui tout à l'heure et que je cherchais à réunir dans ma tête pour en composer une vivante image.

Enfin le sentiment de la réalité me revint, et je sortis, la tête en feu. Je marchai à grands pas sur le boulevard, répétant en moi-même les airs que je venais d'entendre et qui chantaient encore mélodieusement à mon oreille, comme les sons de la cloche vibrent dans l'air après que le battant a cessé de frapper. Par moments, je m'arrêtais dans ma course; je comprimais les battements de mon cœur : l'image de la cantatrice venait de se dresser devant moi, et je me taisais pour mieux la posséder.

Sous le coup de cette vision merveilleuse, il me naissait des idées extravagantes. J'aurais voulu que la vie ne fût qu'un opéra-comique, avec des vêtements écossais, des chants merveilleux, de belles femmes et des lumières toujours étincelantes. Le monde me semblait impossible autrement et la réalité des choses m'épouvantait.

Je parcourus ainsi les boulevards, la rue de Rivoli et la cour du Louvre. Arrivé sur la rive gauche, je vis des grisettes suspendues au bras de quelques étudiants qui chantaient à tue-tête des refrains bachiques. Cette gaieté vide me dégoûta : dans mon exaltation, tout était poétique et idéal ; je détournai mes yeux de ces femmes perdues, sans cœur et sans beauté, qui rivalisaient d'obscénité avec la boue où elles marchaient ; de ces jeunes gens pervertis et vieillis au point de trouver du charme dans la compagnie de pareilles créatures.

Je rentrai chez moi. Dans ma chambre je me promenai lentement. J'étais tout triste ; j'ouvris la fenêtre et m'accoudai sur la balustrade. Il faisait un temps assez froid : des nuages gris couraient dans le ciel, et devant moi, la lune, légèrement échancrée, éclairait de teintes pâles les tours d'une église voisine. Les yeux fixés sur l'astre, ma pensée se perdait dans l'espace, tandis que je me demandais, pour la première fois, quelle elle était réellement, cette femme qui m'avait si étrangement bouleversé. Certes, à en juger par son maintien sur la scène, sa vie devait être pure, son âme noble, sa grâce égale à sa beauté. Ce devait être une femme charmante, mademoiselle Anna Bertani, oui, une douce et ravissante créature qu'on approchait avec respect et qu'on aimait parce qu'elle était adorable. Si elle aimait quelqu'un, ce devait être un homme jeune, généreux, passionné, capable de la comprendre et digne d'elle en tous points.

Hélas! c'était la voix de la passion qui me parlait ainsi, et en me rappelant tout ce que je savais des actrices, de leurs mœurs, de leur conduite, je me dis que tout cela n'était peut-être qu'une trompeuse fiction, et que cette blanche dame, aux yeux noirs et à la voix mélodieuse, pouvait bien n'être qu'une courtisane sans frein et sans cœur, qui vendait l'amour à la criée, et dont le corps indifférent se prostituait au plus offrant et dernier acheteur, fût-il un nabab blanchi ou le bourreau lui-même. Ce bel amant que j'avais rêvé était peut-être un maquignon enrichi à la foire de Beaucaire, ou tout au moins un goutteux millionnaire ou autre chose encore... Cette pensée me fit mal; je ne voulus pas croire à cet abaissement et je me dis que la femme, si belle et si divinement pure sur les planches du théâtre, devait conserver dans sa vie privée au moins un reflet de cette candeur. Non, ce n'était pas une actrice vulgaire, une courtisane impudente ; elle n'avait rien de commun avec tant d'autres que j'avais vues, et dont le triste visage éclatait en plein sous le masque trompeur dont elles se couvraient aux feux de la rampe.

Il se livrait ainsi dans ma tête une vraie lutte entre l'enthousiasme et la crainte ; je restais indécis devant cette double personnalité de la femme actrice qui, vue sur une face, est toute charmante et poétique ; sur l'autre, n'est trop souvent qu'un triste assemblage de corruptions et de misères.

Et pendant que je me perds ainsi en conjectures, que fait-elle ? me disais-je. — Sans doute, elle est rentrée chez elle fatiguée ; elle dort d'un doux sommeil qu'elle a bien mérité après avoir si bien charmé son auditoire. Mais non, elle n'est point si chaste, elle est au bras de quelque amant, elle ne dort pas...

Cette nuit-là, je sentis, pour la première fois

peut-être, le démon de la jalousie me déchirer.

Je m'imaginais cette dame blanche dans une orgie au champagne ou dans le lit impudique de quelque absurde don Juan. Je rageais et je souffrais au possible ; je fermais les yeux pour chasser cette vision honteuse, j'avais honte de moi-même et je lui demandais pardon.

Oh ! si elle avait vu dans quel émoi sa présence m'avait jeté ! si elle avait vu quelle fascination son étrange beauté avait exercée sur mes yeux, sur ma tête et sur mon cœur, elle eût été étonnée d'elle-même, elle se fût admirée, qui sait ! elle eût ri peut-être.

Mais étais-je le seul qui, dans cette nuit de janvier, se débattît dans ce trouble sans précédent ? Combien de jeunes hommes, entrés légers et souriants dans un théâtre, en sont sortis délirants et ont passé cette nuit-là et bien d'autres dans une insomnie désespérée ! Quelquefois, ardeurs fausses et passagères, mais parfois aussi passions vives et puissantes qui n'ont pas eu de confidents et dont le cœur blessé garde encore le souvenir après de longues années. Ces jeunes hommes au cœur naïf, pauvres presque toujours, qui les connaît? Les quatre murs de leurs mansardes les ont vus se promener et pâlir, murmurer un nom, pousser des soupirs ou des sanglots pendant que celles qui causaient tout ce mal riaient aux éclats dans l'insouciance du plaisir, et tout est retombé dans le silence! Il faut plaindre ces amants inconnus, car ce sont les seuls vrais.

Pour moi, ainsi frappé, je ne formai plus qu'un vœu : revoir cette femme le plus tôt possible et demain et toujours, la contempler et l'admirer tout à mon aise, l'entendre, car pour lui parler, je n'osais pas l'espérer.

Mon imagination se donna pleine carrière : j'inventai mille aventures romanesques; je nouai et dénouai cent drames au bout desquels je la voyais toujours me sourire et me tendre la main. Naïveté! ces rêves étaient courts et la réalité leur succédait aride : je voyais mon isolement, mon dénûment; je tombais alors aussi bas que j'étais allé haut tout à l'heure sur l'aile du rêve; car, en fin de compte, pour toute richesse, je n'avais guère que mes dix-neuf ans et comme tout jeune mortel une vague confiance dans un avenir meilleur. C'était bien peu !

Pendant que je songeais ainsi, le temps avait marché et j'entendis deux heures sonner à une horloge du voisinage. J'avais froid : je quittai la fenêtre et me couchai. J'ébauchai encore, dans la plus fantastique des rêveries, quelques plans de romans à conclusion touchante, et, grâce à Dieu, je m'assoupis. Je ne dormis pas tranquille : les rêves commencés dans la veille se continuèrent dans le sommeil ; je voyais Anna et j'entendais la musique : *Viens, gentille dame,* chantait un chœur invisible, et je murmurais : *Viens, gentille dame...*

Ce cauchemar dura une bonne partie de la nuit.

III

Quand je me réveillai le matin à huit heures, le souvenir de la soirée évanouie me fit battre le cœur. Je fermai les yeux et je ressuscitai devant moi la salle de l'Opéra-Comique, l'image ravissante qui troublait mon sommeil ; j'écoutai cette voix si douce quand elle parlait, si vibrante quand elle chantait. Puis, je fis un effort pour secouer toutes ces visions; j'essayai d'étudier mon sentiment et de me rendre un meilleur compte de mon état moral. Était-ce un amour réel que j'avais au cœur ou plutôt n'était-ce pas un de ces légers caprices que le hasard de la nuit fait éclore et qui s'évanouissent dans le ciel à la lumière du jour?

Mon Dieu! tout amour naissant est un caprice et ne cesse de l'être que lorsque les circonstances l'ont favorisé et lui ont permis de s'enraciner et de dominer tous les autres sentiments de l'âme.

Un jour, en marchant dans la rue, vous avez vu une fort jolie personne; son maintien était chaste, innocente sa démarche, et sa mine ingénue annonçait une vierge. Votre cœur a battu : sans vous en douter, vous l'avez suivie; vous avez épié ses regards, mais elle a disparu et depuis vous ne l'avez plus revue. Pendant une semaine, un mois, vous avez pensé à cette belle enfant; puis, des distractions sont venues, son image s'est effacée un peu, et petit à petit vous l'avez oubliée. Ce n'était qu'un caprice. Si, au lieu de cette disparition soudaine, vous l'aviez revue une fois, si une fois vous aviez pu lui parler, croyez-vous que le dénoûment n'eût pas été tout autre?

Je me parlais ainsi en me levant et ma définition du caprice me paraissait convaincante. Mais comment arriver jusqu'à elle? Certes, il était téméraire à moi d'y songer et mon ambition était démesurée. J'eus un moment la velléité de lui écrire une lettre enflammée et de la supplier de m'accorder une minute d'entretien; mais vers ou prose, l'effet que produirait cette épître serait, sans nul doute, bien différent de celui que j'attendais. Les autres plans que j'imaginai ne valaient guère mieux : dans l'isolement où j'étais tout devenait obstacle devant moi. Pour connaître sa demeure, je n'entrevoyais d'autre moyen que de l'attendre un soir à la sortie du théâtre et de la suivre d'assez loin. Là s'arrêtait mon odyssée et je croyais trop peu aux romans et au hasard pour espérer une circonstance fortuite qui pût faciliter ma première démarche.

— Adieu donc, ma belle inconnue, vous ne me connaîtrez jamais : le ciel m'a fait pauvre et fier, je resterai dans mon humble sphère et je vous aimerai du plus platonique des amours ; quand la journée aura été triste, j'irai m'asseoir à l'orchestre au milieu des spectateurs oisifs, et lorsque vous apparaîtrez sur la scène, je vous applaudirai et je vous adorerai dans l'enivrement de mon cœur. Nul ne viendra me disputer cette joie, car je n'ai pas d'ami qui puisse se railler de moi et je ne confierai mon secret à personne!...

Si cependant je pouvais lui dire un mot, un seul mot, oui, j'en suis certain, dans mes yeux, dans ma voix, elle lirait ma profonde tendresse ; elle serait bonne, elle m'encouragerait ; je m'enhardirais alors, je lui dirais tout ; depuis son entrée en scène jusqu'à cette heure, je lui conterais tout ce que j'ai senti et souffert ; elle me plaindrait, elle me gronderait peut-être, et certainement elle aurait un peu d'amour pour l'enfant qui en a tant pour elle ! Admis quelquefois auprès d'elle, je l'aimerais comme un frère, ne pouvant l'aimer autrement.

Tout en m'exaltant ainsi, je pris un livre sur la cheminée et je m'assis au coin du feu, moins pour le lire que pour rêver encore. Mais je ne rêvai point, car ce livre fut pour moi comme une révélation.

C'était l'œuvre charmante d'un charmant et malheureux poëte; je l'avais déjà lue cette touchante histoire, mais avec indifférence et sans trop la comprendre; cette fois, au contraire, je m'identifiai avec le malheureux héros de cette aventure écrivant lui-même sa vie et ses souffrances.

Il racontait que tous les soirs il allait à un théâtre, où, pendant trois heures, il se perdait dans une extase muette devant une étoile, rêve de ses jours et tourment de ses nuits ! Il en faisait un portrait court, mais admirable de poésie et de passion ; puis quelques réflexions suivaient sur les actrices et aussi sur l'époque dont il parlait. En quittant le théâtre, lui, l'amant inconnu et vrai, il se trouvait en présence de l'heureux possesseur de cette femme tant aimée, et il en parlait de bonne grâce. Un journal lui apprenait que des fonds qu'il croyait presque entièrement perdus se trouvaient par un coup de bourse à un taux très-élevé : il était riche encore et sa première pensée, à ce soudain retour de la fortune, c'était que, s'il le voulait, il était le maître de cette beauté si longtemps adorée dans le silence. Mais ce n'était qu'un fugitif éclair ; il chassait bien loin cette tentation ; aux lâches et aux idiots les conquêtes de l'or ; lui, poëte, ne voulait pas corrompre, il ne voulait pas croire que son idole fût une marchandise ! Et il partait aussitôt pour le pays de son enfance, où ses souvenirs lui montraient toute jeune et toute belle déjà l'Isis mystérieuse qui dominait sa vie et qu'il croyait avoir retrouvée sur la scène d'un théâtre, transformée et déchue.

Vive fut l'impression de ce récit sur moi : je baissai la tête et y songeai longtemps. Ce que je venais de lire, je l'imaginai être ma propre histoire : c'était le même théâtre ; l'étoile qui n'était plus revivait sous les traits d'Anna Bertani ; je les confondais ensemble et je me reconnaissais dans le conteur tragique. Mais je n'avais point sa résignation, car au souvenir de l'heureux possesseur de la dame, j'eus un battement sec dans le cœur ; je regardai ma pendule, elle marquait neuf heures et demie. Que faisait-elle à cette heure, mon inconnue à moi ? Sans doute, elle était aussi auprès d'un jeune homme « correctement vêtu. » Que dis-je ? amère dérision, il était bien matin...

Je me levai là-dessus et fis quelques pas furieux

dans ma chambre. On a beau être chrétien, ces angoisses-là sont dures et je me voyais condamné à les souffrir chaque matin à mon lever.

Et pourtant ce supplice, combien d'hommes l'endurent tous les jours à Paris vers la neuvième heure ! c'est la Marguerite blonde qu'on a fait danser ; c'est la voisine qu'on a eue à table ; c'est l'étrangère qu'on a rencontrée dans une allée des Tuileries ; c'est la cousine, la femme du cousin, que sais-je ? toute femme jeune et jolie qui se lève au matin peut se dire que, dans un quartier quelconque, elle empêche quelqu'un de dormir ou de penser sainement.

Et moi, j'avais des larmes dans les yeux à ce souvenir amer, et plus je cherchais à l'écarter, plus il se levait implacable devant moi. Pour en finir, je pris mon chapeau et je sortis. J'errai quelque temps sans but dans les rues du quartier. Un brouillard assez épais s'élevait de la Seine ; la matinée était froide : mes idées s'assombrirent encore davantage sous l'influence du temps : je devins morose, irrité, hargneux.

Parbleu, me dis-je, de quoi vais-je me mêler ?

que m'importe cette femme ? Quoi ! je vais un soir entendre un opéra, je vois une chanteuse, et là-dessus je perds l'esprit ! Mais, malheureux, si elle est belle, c'est affaire du métier ; son visage semble pâle, c'est qu'elle a mis du blanc ; elle paraît triste, son rôle le veut ainsi, et tout en elle, depuis ses cheveux noirs jusqu'à sa blanche main, tout est artifice et vaine apparence ; en réalité, elle est peut-être plus laide que toutes les saintes femmes ensemble. Et puis, quand elle serait belle, qu'est-ce qu'une chanteuse ? Pour répondre, j'allai chercher au fond de ma mémoire toutes les platitudes et les grossières injures que de tout temps la stupidité du public a entassées sur ces pauvres femmes. J'en rougis et je pris Dieu à témoin que je n'avais pas voulu les appliquer à Anna ; en même temps je pris la résolution d'aller à l'Opéra-Comique à peu près tous les soirs qu'elle jouerait ; et à force de la voir changer chaque fois de ton, de costume, de visage, parodier tous les sentiments, je secouerais l'illusion trompeuse des premiers moments et dix jours après je rirais de ma folie.

A l'angle d'une rue étaient les affiches de théâtres : je m'y acheminai ; l'Opéra-Comique donnait *Fra Diavolo ;* Anna ne figurait point sur l'affiche.

Il fallait donc attendre au lendemain.

Je ne dirai pas ce que j'éprouvai toute cette journée, car mes impressions étaient trop fugitives pour être notées, et je n'en conserve plus à l'heure présente qu'un souvenir confus. Mais c'était un désenchantement complet de toutes choses, une tristesse morne et accablante qui ne s'arrêtait sur rien. J'allais comme une âme en peine ; la foule courait à mes côtés, les voitures roulaient, et je ne voyais rien, n'entendais rien. J'avais l'esprit perdu dans les nuages : je ne vivais plus.

Je rentrai chez moi, car il faisait froid. Je voulus lire, mais des larmes coulèrent de mes yeux et brouillèrent les lignes ; cependant, tout cela, ce ne pouvait pas être de l'amour.

Non, ce n'est pas de l'amour qu'on ressent pour une brillante image entrevue dans un songe ; c'est une surprise du cœur, un éblouissement produit par la musique, les lumières, la foule, les décors de la scène, en un mot, par toute cette fantasmagorie du spectacle. Cette femme, si je l'avais vue dans la rue, n'eût produit sur moi aucun effet; si je l'avais entendue parler, elle eût pu me sembler triviale et vulgaire, mais parce qu'elle m'était apparue seule sur la scène, récitant des paroles apprises de mémoire, dans un costume d'emprunt, au bruit des instruments, j'étais tombé en admiration devant elle, j'adorais son image, je la divinisais !......

IV

Le lendemain, vers six heures du soir, j'arrivai sur la place Boieldieu. En attendant l'ouverture des bureaux, je me promenai dans les rues avoisinantes, non sans m'arrêter maintes et maintes fois pour lire les affiches vertes suspendues aux murs du bâtiment et que je connaissais déjà par cœur. Le hasard a parfois d'étranges caprices ! Au moment où, pour la dixième fois, je tournais l'angle de la rue Favart et de la rue d'Amboise, à l'autre bout de cette rue et du côté opposé, je vis venir une femme, et je m'arrêtai un instant stupéfait. Elle était grande et ses vêtements étaient noirs. Le crépuscule était encore assez clair pour qu'on pût distinguer un visage: je pris l'air indifférent d'un passant et je traversai la chaussée: de fait, je ne me sentais plus. Je mettais le pied sur le trottoir quand elle passa devant moi, un léger voile noir rabattu sur le visage. Je ne m'étais point trompé.

Elle jeta sur moi un coup d'œil rapide, continua son chemin et disparut par la petite porte d'entrée des artistes. Saint Jérôme, en entendant la trompette céleste, n'éprouva pas de saisissement plus vif que celui dont je fus frappé devant cette apparition soudaine. Oui, c'était bien elle ; et ses yeux noirs, son teint pâle, ses lèvres minces, je gravai tout cela dans mon cœur pour ne l'oublier jamais.

Quelques minutes plus tard, j'étais à ma stalle du premier jour. Comme la précédente, et plus qu'elle, cette soirée ne fut qu'un enchantement. Si la vie se compte d'après la plénitude des jouissances et la vivacité des émotions, et non selon une vaine succession de mois et de semaines stériles, je vécus ce jour-là en trois heures plus que d'autres êtres pendant toute leur existence.

Qu'ils étaient donc heureux ces hommes qui pouvaient à chaque instant, sur la scène, lui parler, la toucher, même l'embrasser ! que plus heureux encore étaient ceux qu'elle appelait ses amis et qui pouvaient pénétrer dans sa vie intime ! Pour moi, je remerciais le ciel de ne l'avoir pas soustraite à ma vue dès la première fois que mes yeux furent fascinés par les siens et de me permettre encore de la contempler ainsi quelques heures le soir.

Le spectacle terminé, je courus à la rue d'Amboise et je fixai les yeux sur la porte des artistes : je voulais revoir Anna encore une fois. En effet, au bout d'un quart d'heure, elle sortit. Son voile était à moitié baissé. Il y avait à la porte quelques individus qui la saluèrent à sa sortie ; à tort ou à raison, je crus saisir comme une ironie insultante dans ce bonsoir, et j'en fus profondément blessé. Quand elle arriva à côté de moi, je me rangeai respectueusement sur son passage ; elle devina sans doute mon sentiment, car je remarquai un léger sourire sur ses lèvres. Je la suivis quelques pas et j'éprouvai une joie immense en la voyant entrer seule dans une maison de la rue de Richelieu.

Je revins chez moi.

Était-ce illusion de l'amour ou divination du cœur ? En me rappelant ce double regard et ce sourire, j'y vis quelque chose de triste qui m'affligea. Maintien, figure et costume, cette femme que je venais d'entrevoir ressemblait si peu à celle que j'avais eue devant les yeux aux représentations de la *Dame Blanche*, que je me demandai si je n'étais pas le jouet d'une confusion. Sémillante, vive et blanche sur la scène, je l'avais vue dans la rue froide, grave et de noir vêtue. Mais mon cœur battait encore trop sous son regard pour que je pusse douter, et je continuai de l'aimer avec un redoublement d'ardeur, une en deux personnes. Cependant, aux heures de rêverie, c'était plus volontiers la femme voilée que j'aimais à revoir. Je me figurai qu'une douleur secrète se cachait sous cette existence de clinquant, et devant ce mystère je refaisais ma première question : Quelle est cette femme ?

Plusieurs jours se passèrent. Je revis Anna dans

divers rôles et, loin de faiblir, mon étrange passion avait grandi. Toute ma vie s'était concentrée dans cette femme ; le jour, je rêvais à elle et je regardais cent fois la pendule pour voir si l'heure du spectacle n'arrivait pas; et le crépuscule venu, je partais vite, et pendant trois heures je me plongeais dans ma contemplation fiévreuse. Dès qu'Anna apparaissait sur la scène, elle illuminait tout : moi, je fixais les yeux sur elle, et, sans plus m'occuper de rien, je l'admirais ; sortait-elle ? la porte par laquelle elle avait disparu absorbait tous mes regards et je ne pensais plus qu'à son retour. J'allais régulièrement l'attendre à sa sortie du théâtre : je lui adressais un dernier regard, une dernière prière, muette comme l'amour dont je brûlais. Elle rentrait toujours seule chez elle et j'en étais venu à m'imaginer, tant l'amour est crédule, que cette étoile de théâtre était aussi pure que la jeune fiancée au matin des noces.

Un soir cependant, au commencement de février, je me promenais, selon mon habitude, dans la rue Favart, attendant Anna, lorsque je la vis sortir au bras d'un monsieur à favoris. Ce fut un rude coup :

je les suivis tout éperdu. Ils remontèrent le boulevard, prirent la rue Drouot et finirent par entrer dans une maison, rue de Provence.

Qu'allait-elle faire là avec ce personnage ?

J'attendis quelque temps dans la rue : personne ne sortit de la maison fatale, et je rentrai chez moi triste, désolé, des larmes dans les yeux.

Voilà donc l'amour, et voilà la femme ! Pendant que je me tordais dans mon impuissante ardeur, elle, elle s'en allait tranquille et souriante au bras et dans le lit de je ne sais quel idiot qui lui payait ses nuits ! Je pleurais, je souffrais, et elle ne se doutait même pas que je vivais ! Plus de doute à présent, plus d'erreur : mademoiselle Anna Bertani était, comme toutes ses pareilles, une déesse véreuse, une pêche à quinze sous, une créature qui chantait bien et qui soupait mieux encore. Point d'amour dans son cœur, point de délicatesse, point de vertu ! J'étais bien fou de m'illusionner à ce point ! — Et après l'avoir ainsi exécrée, je revins à des sentiments plus calmes, je jugeai plus froidement les choses. « Ce n'était pas elle qui était coupable, mais bien moi qui étais ridicule ! Après avoir fait le plaisir des autres, elle allait se divertir elle-même, où était le mal ? Pourquoi, d'ailleurs, cet homme serait-il un idiot plutôt qu'un amant sincère ? Ne pouvait-il pas avoir éprouvé un amour comme le mien, et, plus heureux que moi, n'avait-il pas pu se faire agréer d'elle ? Mais si cela n'était pas, si cet homme ne l'aimait pas, si elle ne l'aimait pas non plus, c'était la pitié qu'il fallait à cette malheureuse créature qui étudiait le jour, qui chantait le soir, et qui, à l'heure de minuit, tombait dans les bras d'un grossier voluptueux ! Je n'avais pas de reproches à lui faire : je payais ma place au parterre, je payais le droit de l'applaudir ou de la siffler, de l'admirer si bon me semblait, et voilà tout ; je n'avais rien de commun avec elle ; nos sentiers dans la vie étaient différents, nos destinées contraires ; qu'allais-je donc l'épier le soir, moi qu'elle ne connaissait pas, moi qui ne devais pas la connaître hors de son rôle !

Oh ! je souffris durement cette nuit ! mon imagination jalouse ouvrait les serrures, franchissait les portes, m'introduisait dans la chambre close, devant la table finement servie : elle me montrait la lampe éclairant un tête-à-tête inviolable. Anna, les cheveux défaits et le costume négligé, souriait et caressait l'heureux homme : il la prenait sur ses genoux, il la couvrait de baisers, que sais-je ? Sans escalader aucun balcon, je voyais tout aussi bien et même mieux que si j'avais assisté, témoin invisible, à tous leurs amoureux transports !.....

Trois, quatre, cinq jours passèrent : rien ne changea. Tantôt Anna rentrait chez elle seule, tantôt accompagnée du même individu, tantôt elle partait en voiture je ne sais où : une fois elle retourna rue de Provence. Je l'espionnais dans la nuit comme un mouchard de profession et je n'y voyais pas de mal. Il arriva ainsi que je n'éprouvai plus les mêmes émotions, les mêmes enivrements en la voyant sur la scène ; le mystère de sa vie était devenu l'unique objet de mes pensées, de mes préoccupations ; pendant qu'elle chantait, je me demandais ce qu'elle faisait en rentrant dans la coulisse, et je la voyais entourée de courtisans et d'adorateurs, sot bétail, s'il en fut ! Et chaque nuit, je rentrais chez moi, après le spectacle, plus triste, plus inquiet, plus tourmenté que jamais, de sorte que, loin d'être pour moi un soulagement et une consolation, sa présence m'était devenue un sujet continuel de soucis et d'angoisses que le temps seul et l'imprévu pouvaient apaiser.

. . . .

. . . .

. . . .

. . . .

V

...Tel j'étais quand, un matin, un de mes rares amis d'enfance entra dans ma chambre. Il était du Midi et se nommait Calam Bertal : je lui tendis la main.

— Il y a bien longtemps que tu te caches, me dit-il ; que fais-tu donc ?

— Peu de chose pour le moment. Aucune profession ne me sourit : je ne me sens bon à rien qu'à songer creux ; je crois que c'est une sotte chose que la vie.

— Tu changeras d'idée plus tard : la vie est telle

qu'on se la fait. Ton plus grand tort, mon cher ami, c'est de vouloir vivre seul. A ton âge, cela ne se comprend pas. Tu as à Paris plusieurs anciens camarades dont il ne tient qu'à toi de faire des amis ; au lieu de les voir, tu t'enfermes chez toi comme un cénobite ou bien tu vas faire des promenades sentimentales à Auteuil et à Saint-Cloud. Qu'est-ce que cela signifie ?

Laisse donc là ces façons de pêcheur à la ligne qui conviennent tout au plus aux épiciers sexagénaires et prends-moi la vie gaiement comme tout homme d'esprit doit la prendre. Justement, une bonne occasion se présente. Il y aura le 7 mars un bal à l'Opéra-Comique. Si tu veux, je t'y mènerai.

Il faut avoir vécu, comme moi, longtemps dans la retraite la plus absolue et souffrir, comme je souffrais alors, d'un amour amer et ignoré pour comprendre l'effet que me fit la brusque et très-inattendue proposition de Calam Bertal. Mais ma passion était trop étrange pour que j'osasse en faire la confidence, et je répondis :

— Que veux-tu que j'aille faire à ce bal ? qu'y trouverai-je ?

— Tu y trouveras le moyen de passer quelques heures très-agréablement, si tu le veux bien.

— Et après ?

— Je connais quelques actrices qui s'y trouveront et dont je pourrai te faire faire la connaissance.

— Quelles sont-elles ?

— As-tu vu quelquefois Anna Bertani ?

— Oui.

— Eh bien ! c'est une des plus jolies femmes de Paris, je puis te l'assurer, et rien que pour la voir, tu devrais venir : elle te plaira.

J'aurais dû sauter de joie à ces paroles ; mais point ; elles me causèrent une grande tristesse. Je n'aurais pas voulu que Calam Bertal connût Anna, et je n'aurais pas voulu qu'il parlât d'elle sur ce ton. Je repris avec une certaine altération dans la voix :

— Mademoiselle Bertani ? tu la connais et comment cela ?

— Oh ! tout le monde connaît plus ou moins ces femmes-là : elles sont accessibles à chacun, et ayant si longtemps vécu dans ce monde folâtre, il est tout naturel que je la connaisse.

— Quelle espèce de femme est-ce donc?

— C'est la maîtresse de M. Bertrandon, si cela peut t'intéresser.

— Quel est ce monsieur?

— Un financier de quarante-cinq à cinquante ans qui, je crois, fait grandement les choses. Très-bon homme, du reste, à ce qu'on raconte.

— Est-ce qu'elle l'aime?

Calam fit un geste intraduisible et haussa les épaules.

— Anna est une de ces femmes savantes qui ont du cœur humain une connaissance profonde. Elle sait qu'en amour on finit toujours par être la victime de ses sentiments et que l'un des deux amants doit être presque inévitablement la dupe de l'autre; et au lieu de demander aux gens beaucoup d'affection, elle leur demande beaucoup d'argent. C'est moins poétique, mais c'est plus sûr. Elle aime M. Bertrandon, c'est évident: elle a aimé de même M. A....., M. G....., et elle t'aimera toi-même autant, si tu peux les imiter.

L'amour, pour la plupart des hommes et des femmes, n'est que la splendeur de l'égoïsme; pour moi, c'était malgré tout le respect. Anna ne m'apparaissait pas comme une chanteuse ordinaire, mais comme une étoile dans le sens le plus poétique et le plus éthéré du mot. Je ne me récriai point cependant aux paroles froides de Calam Bertal ; je ne protestai point, car ce qu'il disait avait toute vraisemblance ; mais mon cœur se serra : Anna se vendait et tout le monde pouvait l'acheter pour plus ou moins de temps, moi-même si je pouvais imiter les autres !

Je répondis à Calam :

— Je ne les imiterai point, et je parlai d'autre chose. Au bout d'une demi-heure Calam me quitta en disant.

— C'est donc convenu, je viendrai te prendre le 7 mars. Le mois de février passa sans incidents nouveaux aussi bien que la première semaine de mars.

Toutes les craintes, les espérances, les perplexités qu'un amant éprouve à l'approche d'un premier rendez-vous m'agitèrent avec une vivacité singulière dans l'attente de ce bal.

Enfin le bienheureux mardi parut à l'horizon.

Toute la journée je bâtis mille châteaux en Espagne : je me traçai ma conduite au bal ; je préparai mes phrases, si j'avais à en dire ; j'étudiai ma contenance et composai mon visage ; je cherchai à deviner le costume d'Anna et le moyen précieux d'attirer sur moi son regard ; je fis mille suppositions absurdes ; j'invoquai Dieu et suppliai le diable afin de les mettre dans mon parti. J'étais joyeux et triste en même temps ; j'avais des espérances sans bornes et je tombais dans des désespoirs accablants. « Qu'allais-je faire dans cette galère, moi chétif, à la poursuite d'une femme que je savais d'avance ne pouvoir m'appartenir ? qu'adviendrait-il de tout cela, et n'étais-je pas fou depuis six semaines de me consumer en rêves insensés ? Ne valait-il pas mieux en finir tout d'un coup ; ne plus songer au bal ni à Anna et reprendre ma vie au point où je l'avais laissée le 23 janvier ? Je regrettais alors amèrement d'être allé à l'Opéra-Comique ce soir-là, et je maudissais les spectacles. Mais quand les ombres du soir commencèrent à se former, l'indécision cessa : l'idée, l'idée délicieuse que cette nuit même j'allais la voir, là bien réellement telle qu'elle était, que j'allais peut-être lui parler — et qui sait encore tout ce que Dieu et le hasard pouvaient permettre — cette idée-là me faisait battre le cœur.

« Enfin donc, j'allais être heureux! dix-neuf ans d'ignorance allaient se perdre dans un coup d'œil; deux mois de souffrances intimes allaient être récompensés par une heure de sa chère présence! Quand minuit sonna, j'entrai à l'Opéra-Comique en compagnie de Calam Bertal. La salle resplendissait. Je ne jetai qu'un regard rapide sur la foule qui la remplissait : que m'importait tout ce monde? Anna seule occupait ma pensée et mes yeux ne cherchaient qu'elle. Mais j'eus beau scruter les groupes, fouiller dans les replis et les profondeurs de la salle, parmi les femmes, je ne vis pas Anna. Mon cœur se serra.

Le premier quadrille s'ébranla sans qu'elle parût.

Les couples de danseurs me firent l'effet de spectres noirs et blancs menant une danse macabre aux sons d'une musique infernale. Calam me demanda si je voulais danser : je lui dis que non.

— Que veux-tu faire alors?

— Attendre et regarder, lui répondis-je. N'est-ce pas pour me montrer les actrices de ta connaissance que tu m'as amené ici ?

Deux femmes causaient à une extrémité de la salle. Il reconnut l'une d'elles et me mena de son côté en disant : Je vais tenir ma parole.

C'était une amie d'Anna très-aimée des habitués du théâtre des Variétés. Calam, d'un air galant, lui débita de fades et douteux compliments qu'elle reçut avec des sourires dignes d'un meilleur usage.

— Et Anna, lui demanda-t-il enfin, est-ce qu'elle ne vient pas ?

— Si, tout-à-l'heure. Vous savez qu'elle est un peu malade.

— Vraiment. Qu'a-t-elle donc ?

— Toujours ce même mal qui l'a tenue au lit tout le mois de décembre. Il faut qu'elle se ménage.

— Et se ménage-t-elle ?

— Suffisamment : ce qui ne l'empêchera pas de venir passer ici la nuit.

J'étais appuyé au bras de Calam, la face tournée vers la principale porte d'entrée dont mes regards ne se détachaient que pour s'arrêter quelques moments sur Madeleine, l'actrice des Variétés. Je n'avais pas encore dit un mot. — Mais pendant que je la regardais, elle me regarda aussi et demanda à Calam :

— Monsieur est un de vos amis?

— Oui, ma chère, répondit Bertal, un de mes jeunes amis.

— Il ne vous ressemble pas, j'espère.

— Aucunement. C'est un morose, un sauvage que j'ai eu toutes les peines du monde à amener ici ce soir et qui ne veut même pas danser.

Calam avait pris un ton de persifleur pour dire cela.

Madeleine se mit à rire, et me prenant la main :

— Est-ce que vous êtes aussi malade ? me dit-elle.

J'allais répondre quelque balourdise de circonstance lorsque je vis Anna qui entrait. Cet heureux incident m'épargna une sottise.

Anna était ravissamment belle : aussi, dès ses premiers pas dans la salle, fut-elle entourée par une dizaine de cavaliers qui lui débitèrent sans doute des compliments dans le genre de ceux dont Calam avait tout à l'heure charmé l'oreille de Madeleine. Elle était pâle comme la première fois que je la vis et portait une robe blanche plus simple et moins décolletée que la plupart des femmes alors présentes. Je remarquai ce détail avec plaisir, car rien n'est plus disgracieux que ce costume qui laisse à découvert le buste et les bras, et que la sottise de toutes les femmes trouve du meilleur goût.

La danse recommençait.

Madeleine profita de ce moment qui éloignait d'Anna quelques-uns de ses admirateurs pour aller auprès d'elle. Nous la suivîmes.

— Eh bien ! ma chère, comme te voilà belle ce soir ! En vérité, tu es ravissante.

Anna répondit par un sourire, pendant que Calam Bertal la félicitait chaleureusement sur une de ses dernières créations. Moi, j'étais en face d'elle et ne disais rien : je la regardais sans penser à autre chose. Mon regard persistant ne lui échappa point ; je ne sais si mon visage reflétait au vif les sentiments de mon âme, mais elle arrêta quelque temps sur moi son regard fier et limpide qui me troubla profondément. Je baissai les yeux en rougissant. Très-malignement elle sourit, et s'adressant à moi, pour m'achever, je le pense bien :

— Et vous, Monsieur, vous ne dites donc rien ? me demanda-t-elle.

Je balbutiai quelques paroles peu suivies que personne ne comprit. Calam, fort heureusement, crut de son devoir d'intervenir :

— Pardonnez à mon ami, ma chère Anna, s'il ne trouve rien à vous dire ce soir, mais il est de première jeunesse, et jamais peut-être il ne s'est trouvé en face d'une personne de votre mérite. Si jeunesse savait.....

— C'est bien, on sait le reste, dit Anna qui me tendit nonchalamment sa main gantée que je pressai dans la mienne avec une indicible émotion.

On dit que les femmes devinent les sentiments qu'elles inspirent. Anna avait-elle compris mon silence et mon trouble ?... Quant à Calam Bertal et à Madeleine, ils attribuèrent mon embarras à mon inexpérience des choses de la vie, et tout fut dit.

J'étais triste et bien confus, et j'aurais donné de bon cœur quelques années de ma vie pour n'être pas venu m'exposer à une si humiliante présentation.

VI

Quelques moments après, Madeleine s'éloignait au bras d'un jeune homme récemment émigré des rivages d'Angleterre ; Bertal me quittait pour danser une polka avec une de ses amies; et Anna, ô douleur ! causait à voix basse avec celui qu'on appelait M. Bertrandon.

Ce personnage ne me plut pas. Il n'avait certes aucun signe caractéristique ni rien de bien méchant dans la physionomie, et en tout autre lieu, en toute autre occasion, je l'eusse tenu pour un parfait honnête homme. Mais en ce moment était-ce possible ?

Je le regardai longtemps : il était assez grand, sec, correct et empesé ; ses cheveux grisonnaient, et tout en causant il faisait tourner son lorgnon autour de ses doigts : c'était bien un homme blasé.

« Quelle est donc l'inexplicable loi qui accouple ainsi la jeunesse, la beauté et le talent avec cet insensible et froid quinquagénaire ! pensais-je, et comment une femme telle qu'Anna peut-elle bien se mettre en communion avec ce vieux débris usé ? N'y a-t-il plus de jeunes hommes, que les femmes aillent chercher leurs amants parmi ces magots d'un autre temps dont le cœur ne bat plus ?

Et je restais là comme un sphinx, j'enveloppais de regards fauves ce groupe ennuyé ; j'admirais le pur et fin visage de cette femme dont le sourire contraint me faisait mal. — Ces nœuds monstrueux, l'argent les avait ourdis, et comment, je n'en savais rien ! Oh ! que l'or me tenta en ce moment ! Que j'aurais voulu en posséder des millions pour les jeter à ses pieds, l'arracher des griffes de ce démon, et satisfaire ses vanités féminines sans rien lui demander en retour ! Vains rêves ! elle et lui se tenaient à deux pas de moi ; ce qu'ils se dirent, je n'en pus rien entendre, mais je me souviens qu'après un quart d'heure d'entretien, il la quitta assez mécontent, car elle paraissait avoir repoussé une demande.

Son départ me déchargea d'un grand poids. Anna, se trouvant seule, jeta les yeux autour d'elle pour découvrir Madeleine, et ne la voyant pas, elle vint à moi :

— Est-ce que Madeleine est partie ? me demanda-t-elle.

— Non, madame, lui répondis-je. Il me semble qu'elle danse là-bas avec ce monsieur à favoris blonds, voyez !

— Oui, c'est bien elle. Mais vous, vous ne dansez pas ? Pourquoi restez-vous là tout seul ? Votre ami vous a donc abandonné ?

L'émotion du cœur rend éloquent ou muet. Je restai muet, cherchant une réponse qui ne venait pas. Anna fit un geste d'impatience :

— Mais voyons, répondez donc, est-ce que vous ne parlez pas non plus ?

Je craignis qu'elle ne me quittât sous cette mauvaise impression, et faisant un effort, je répondis :

— Pardon, madame, mon ami vient de me quitter à l'instant pour suivre la danse, et je suis resté seul. Mais, à mon tour, me permettrez-vous une question ?

— Ah ! vous parlez donc ! et quelle question ?

— Est-il vrai que vous avez été malade ces jours passés et que vous souffrez encore ?

Ces paroles furent dites d'un ton si ému, si pénétré, qu'Anna en fut touchée.

— C'est vrai, me dit-elle en souriant ; j'ai été quelque temps malade ; mais c'est passé maintenant ou à peu près. Vous vous intéressez donc à moi ?

En disant cela, elle me prit le bras et me conduisit de l'autre côté de la salle où se trouvait Madeleine.

— Oh ! oui, je m'intéresse à vous, et plus que vous ne pensez, allez !

—Vraiment, et pourquoi donc ?

— Je n'en sais rien ; mais tout ce que je puis vous dire c'est que j'ai été bien triste tout à l'heure en apprenant votre maladie. Vous devriez vous soigner.

— Et qui vous dit que je ne me soigne pas ?

— Votre présence ici cette nuit.

— Oh ! ne craignez rien, allez : je n'y serai pas longtemps. Je vais dire bonsoir à Madeleine et partir.

Je n'avais pas la parole heureuse : je me faisais donner mon arrêt moi-même. Elle partait !

— Tenez, la voilà, s'écria-t-elle. En effet, Madeleine accourait à nous :

— Figure-toi, ma chère, que le petit Anglais veut absolument me mener à la maison d'Or et que je ne tiens pas du tout à y aller ce soir.

— C'est comme moi, répondit Anna, je viens de me débarrasser de M. Bertrandon qui insistait pour m'entraîner à un souper. Qu'il aille au diable ! j'ai prétexté mon état souffrant. Est-ce que tu resteras ici longtemps encore ?

— Je pars après la valse.

— Alors, nous nous en irons ensemble.

Les couples de valseurs se formaient. Le jeune Anglais vint prendre Madeleine ; Anna, qui vit aussi venir de son côté plusieurs cavaliers gantés, se suspendit à moi en disant :

— Savez-vous danser ?

— Pas trop, lui répondis-je ; cependant je sais assez bien la valse.

— Eh bien ! je ne veux pas que vous sortiez d'ici sans avoir dansé au moins une fois, et puisque vous vous intéressez tant à moi, j'espère que vous voudrez bien m'accorder cette valse.

J'étais ravi au ciel !

L'orchestre commença à jouer. Je passai mon bras autour de sa taille, et, au moment de prendre le mouvement, elle, qui voyait à quelques pas de nous la silhouette de l'Anglais se balançant au bras de Madeleine, se mit à rire, et le désignant du doigt, me dit, la méchante !

— Est-il laid !

— Nous partîmes. Quel délicieux moment ! je serrais Anna dans mes bras à l'étouffer, et mes lèvres effleuraient son visage pendant que les boucles de sa chevelure caressaient mon front radieux. Son cœur était trop près du mien et le mien battait trop fort pour qu'elle ne le sentît pas ! Elle leva les yeux vers moi : nos regards se confondirent, un frisson de volupté courut dans mes veines, son bras serra mon cou, et liés comme le chêne au lierre, nous voltigeâmes dans le bal. Oh ! dans ce moment-là elle m'aimait ! son regard était brûlant, son sein palpitait et sa chair avait des frémissements de volupté qui décuplaient mon délire. La musique cessa. Pourquoi cela ? j'aurais voulu que cette valse durât éternellement comme mon bonheur.

Anna, s'arrachant de mon bras, me dit encore émue :

— C'est assez, vous êtes fou ; puis, m'attirant dans un coin et me prenant les mains, souriante, elle me gronda :

« Je ne vous reconnais plus ! savez-vous que vous me serriez bien fort et que vous aviez de singuliers regards ? Qu'est-ce que cela veut dire ? »

Elle s'arrêta un moment, et se mettant à rire :

— Oui, tu es fou, me dit-elle ; adieu, et elle me quitta.

En ce moment, M. Bertrandon était dans la salle ; il rejoignit Anna à quelques pas de moi, et je l'entendis qui disait :

— Eh bien ! ma chère, êtes-vous toujours en colère ?

— Je ne l'ai jamais été, répondit Anna ; seulement, je vous en prie, n'insistez pas pour me mener souper. Vous savez que je suis assez mal portante et que j'ai besoin de repos.

— Je n'insiste pas ; mais dites-moi, quel est ce

jeune homme avec qui vous parliez tout à l'heure ?

— C'est un ami de Madeleine.

— Un ami de vieille date ?

— Je n'en sais rien. Quant à moi, je viens de valser avec lui et il ne m'a pas ennuyée comme beaucoup d'autres.

Ces paroles furent dites d'un ton assez amer et d'un air contrarié. M. Bertrandon sourit et dit en raillant :

— S'il ne vous ennuie pas, pourquoi le quittez-vous ?

— Je vous l'ai déjà dit, parce qu'il faut que je m'en aille, et, du moins, celui-là a eu le bon esprit de ne pas insister pour me retenir.

— Je ne vous retiens pas non plus, et je ne suis rentré que pour vous offrir ma voiture qui attend en bas.

Il lui donna le bras pour descendre l'escalier.

Je fendis la foule pour les suivre, mais les groupes qui circulaient partout entravaient ma marche et je les perdis. Quand j'arrivai sur la place Boieldieu, il n'y avait personne. Je m'élançai dans la rue d'Amboise et courus au n° 95 de la rue de Richelieu, où demeurait Anna. Une voiture ne tarda pas à s'arrêter devant la porte : elle en descendit, suivie de M. Bertrandon.

J'eus un atroce serrement de cœur en voyant cet homme entrer avec elle dans la maison, et, sous une impulsion de rage, je me mis à courir vers les boulevards.

Quand je revins au n° 95 au bout d'un quart d'heure, la voiture était partie et la porte fermée.

Dans mes observations nocturnes à la sortie du théâtre, j'avais remarqué qu'à l'arrivée d'Anna les fenêtres du second étage s'éclairaient. Je les regardai : à la deuxième il y avait une lumière : c'est tout ce que je pus voir.

Je restai longtemps appuyé contre la maison qui faisait face, les yeux fixés sur cette lampe mystérieuse, pendant que mon esprit s'ingéniait à deviner les scènes qu'elle éclairait. Un doute affreux m'aiguillonnait : M. Bertrandon était-il reparti avec la voiture ou plutôt ne l'avait-il pas seulement renvoyée ?

Aucun indice ne pouvait m'éclairer et j'attendais dans la plus vive anxiété, sans m'apercevoir que le froid et le brouillard m'engourdissaient.

Enfin la lumière s'éteignit. Mon cœur battit avec force ; je secouai ma torpeur et je rentrai chez moi grelottant et la fièvre dans les veines.

Heureux celui qui ne connaît de l'amour que les douces paroles, les longs regards et la confiance plus douce encore ! qui ne rencontre aucun obstacle entre lui et l'objet qu'il aime, et qui, présente ou absente, sait que cette femme est chérie et respectée de tous, chaste dans son sommeil et ne pense qu'à lui seul ! Son imagination n'a rien à faire : pour lui, la réalité est plus douce que le rêve, et il n'a qu'à s'endormir bercé par des songes ineffables ! Mais malheureux celui dont le cœur s'enflamme pour une femme volante ! Muet témoin, il comptera toutes les débauches de cette femme, entendra ses éclats de rire, devinera ses prostitutions journalières, et, à chaque minute, souffrira un nouveau martyre !

Depuis le premier jour, l'amour n'avait été pour moi qu'un purgatoire, et cette nuit de bal sur laquelle j'avais fondé de si belles espérances, me laissait plus inquiet, plus brisé que devant ! Si je voulais recueillir mes souvenirs, je voyais Madeleine, bonne fille, se parer de la conquête d'un Anglais millionnaire et imbécile; Anna, nature peut-être aimante et poétique, marcher triste et dégoûtée, au milieu des corruptions, en compagnie de M. Bertrandon.

Et je ne pouvais ne pas m'attrister en songeant que c'était la passion qui me poussait dans ce monde ténébreux, alors qu'il ne faut s'y risquer que cuirassé d'indifférence et décidé à un rire éternel.

Cependant, au milieu de ces tristes réflexions, je me sentais vivant d'une séve inconnue, plein d'ardeur, d'espoir, de confiance. Je me consolais et m'enivrais à la pensée que j'avais arrêté sur moi le regard et l'esprit d'Anna, que je l'avais tenue à mon bras quelques minutes et que deux mots venus du cœur me l'avaient révélée. Puis, venait l'apparition de M. Bertrandon, ce lugubre personnage, ce mauvais génie qui suivait Anna jusque dans sa chambre à coucher!

VII

A mon réveil, le lendemain, je restai plusieurs heures les mains jointes sous la tête, ressuscitant toutes les scènes de la nuit passée pour y revivre et en savourer de nouveau les délicieuses émotions. J'essayai de me familiariser avec ce disgracieux M. Bertrandon, et j'aimai à croire qu'il était reparti avec sa voiture, comme sa conversation au bal le laissait supposer. J'étais étonné de la bonté d'Anna, de l'extrême indulgence avec laquelle elle m'avait écouté, autant qu'enchanté de la façon gracieuse dont elle m'avait témoigné sa gratitude pour l'intérêt que je prenais à sa santé. Et puis, je me rappelais qu'elle était seule, sans parents et sans amis, que personne peut-être ne prenait garde à elle et que ce mot d'amitié compatissante était le premier qu'elle eût entendu depuis bien longtemps.

« Oh! murmurais-je, que le ciel me favorise! que ce mot balbutié dans la foule bruyante, je puisse le lui redire un jour! »

Ce mot, un homme qui sait vivre, en mon lieu et

place, n'eût certes pas attendu longtemps pour le lui dire ; confiant dans l'espèce de succès de la valse, il eût poussé l'aventure, et, le lendemain même, fait une déclaration passionnée. Je n'allai pas si vite : je ne me présentai point au logis d'Anna ; je ne lui fis point de déclaration passionnée, quoique plusieurs fois, dans la journée, je passasse sous ses fenêtres. Il en fut de même les jours qui suivirent : je les vécus malheureusement avec la persuasion que cette douce nuitée de bal n'aurait pas de lendemain.

Comme par le passé, je continuai à assister aux représentations d'Anna, à l'attendre à son entrée au théâtre, à la suivre jusqu'à sa demeure, toujours silencieux, toujours amoureux.

Un pastoureau épris d'une grande dame n'a pas plus de respect pour l'objet de sa secrète et malheureuse passion. De fait, je mettais Anna bien au-dessus de toutes les duchesses ; les titres ne m'avaient jamais ébloui ; en ce moment je n'en connaissais qu'un, la beauté, et la belle actrice était pour moi le type rêvé par le Dieu créateur. Cette déesse, équivoque pour les autres, m'était sacrée.

C'est que je n'étais pas de ceux qui vont disant qu'une actrice est toujours abordable. J'avais pour toutes les femmes, dans quelque situation que le hasard les ait jetées, ce respect pieux que toute âme jeune et honnête porte à la créature de Dieu ; c'est que j'avais souffert et que je compatissais aux malheurs d'autrui, et que, voyant une femme aller seule dans la vie, je plaignais sa détresse, et qu'enfin je n'avais et n'ai encore que le plus profond dédain pour tous ceux qui ne pensent pas là-dessus comme moi. Oui, c'est là ma conviction profonde, que le respect doit s'attacher à la femme qui travaille et qui, travaillant, fait le plaisir des autres, qui marche seule dans le chemin rocheux, et pour qui la fortune a réservé toutes ses rigueurs, autant au moins qu'à celle qui, n'ayant eu que la peine de naître pour saisir tous les biens que le ciel permet, famille, richesse et bonheur, n'a rien à faire qu'à se bercer dans son insoucieuse mollesse et à entendre les bêtes compliments des hommes qui respectent en elle, l'honnête femme, tous les vices qu'ils font semblant de haïr chez la proscrite ; pourquoi ? parce que madame a une position bien établie et des amants qu'elle ne montre pas, tandis que l'autre est une coureuse, une hurleuse !

Que serait-il advenu de cette étrange passion, si les choses eussent suivi leur cours ordinaire ? Dieu seul le sait ; mais un événement imprévu survint qui changea tout et me poussa par les épaules où je devais aboutir.

Anna jouait trois fois par semaine — les jours pairs — dans une pièce nouvelle qui alternait régulièrement avec une reprise du répertoire. Un jour, en lisant l'affiche où son nom figurait d'ordinaire à la première place, je vis un nom étranger. Je fus bien surpris et bien saisi. Quelle pouvait être la cause de cette absence ?

Était-elle malade ; était-elle partie de Paris ? je multipliai les conjectures, sans pouvoir rien deviner.

Comment se passèrent cette journée et la suivante, je n'en sais rien. Le troisième jour, de bonne heure, j'allai aux affiches. Le nom d'Anna était encore remplacé !

« Sans doute, me dis-je, cette maladie dont on parlait au bal l'aura reprise, et, pour éclaircir mes doutes, je parcourus les journaux de théâtres. Ils ne parlaient point d'elle.

La semaine s'écoula et un nom nouveau avait remplacé définitivement celui d'Anna sur l'affiche.

Je n'y tins plus. Je courus chez Calam Bertal que je n'avais pas revu depuis le 7 mars. Il me parla du bal, de Madeleine beaucoup et quelque peu d'Anna dont il me fit un grand éloge.

— Pourquoi donc, lui demandai-je, ne joue-t-elle plus depuis quelques jours?

— Elle ne joue plus ; et depuis quand?

— Depuis une semaine, ne le sais-tu pas ?

— Tu me l'apprends. Elle est sans doute malade : elle l'était déjà quand nous l'avons vue.

— Elle ne s'est donc pas soignée ?

— Est-ce que ces femmes-là se soignent? Tant qu'elles ont des forces, elles jettent les verres par les fenêtres; et quand elles se sont usées à ce jeu-là — ce qui ne tarde guère — elles vont crever seules dans leurs lits.

La pauvre fille ! c'est malheureux ! elle chantait bien !...

— Tu crois qu'elle est seule, que personne ne la soigne ?

— Je n'en sais rien ; cependant c'est probable. On m'a dit que le père Bertrandon était parti avant-hier pour la Flandre ; il n'y avait guère que lui qui pût s'occuper d'elle.

Ces paroles que disait Calam Bertal, en se chauffant tranquillement les pieds sur les chenets, me tintaient dans les oreilles comme un glas de mort.

Je n'y répondis rien et je regardai la pendule qui marquait onze heures. Je pensai quelques minutes à ce que je devais faire, et l'image d'Anna souffrant en silence, dans l'abandon de tous, ayant passé devant mes yeux, je me levai ; je dis adieu à Calam et je m'acheminai vers la rue de Richelieu.

Les considérations qui m'avaient retenu jusqu'à ce jour furent oubliées en ce moment. J'entrai dans la maison, bien résolu à arriver jusqu'à Anna, si elle était seule. La portière était une vieille femme à lunettes : je la saluai en demandant :

— N'est-ce pas ici que demeure mademoiselle Bertani ?

— Si, monsieur.

— Est-ce qu'elle est malade?

— Oui, monsieur, depuis quelques jours.

— Et qu'a-t-elle?

— Elle souffre de la poitrine, je crois.

— Y a-t-il quelqu'un auprès d'elle?

— Deux de ses amies. Monsieur la connaît sans doute ; s'il veut monter.....

— Non, elle ne me connaît pas, répondis-je rapidement, et je quittai la maison.

Je revins le lendemain et tous les jours qui suivirent.

Une des deux amies la soignait toujours.

Je ne vivais plus, mais je ne voulais pas me montrer à Anna tant que quelqu'un se trouverait auprès d'elle.

Les choses en étaient là quand un matin, en me levant, je reçus une lettre qui m'appelait aux environs d'Angers où ma tante se trouvait très-gravement malade. Je maudis le fâcheux contre-temps, mais il fallait partir bon gré, mal gré. Avant de quitter Paris, je courus m'informer de la santé d'Anna : elle allait un peu mieux. Cette nouvelle me tranquillisa quelque peu. Je m'éloignai de la grande ville avec tristesse, me promettant bien d'y rentrer le plus tôt possible, car maintenant partout ailleurs le ciel me semblait vide, et partout un immense ennui me dévorait.

Cette absence qui dépassa mes prévisions dura huit jours.

A peine débarqué, je volai vers la demeure d'Anna.

— Comment va-t-elle? demandai-je à la vieille tout haletant encore en arrivant à la porte de sa loge.

— Plus mal, Monsieur.

— Y a-t-il toujours quelqu'un auprès d'elle?

— Non, Monsieur; cette dame qui la soignait l'a quittée il y a trois jours, et maintenant elle se trouve seule.

Ces paroles me frappèrent au cœur. Personne pour la garder!

« Eh bien! s'ils sont partis, m'écriai-je, tant mieux, je les remplacerai; et je partis dans les escaliers. Je tirai la sonnette. Une jeune fille à douce figure m'ouvrit :

— C'est bien ici l'appartement de mademoiselle Bertani? lui dis-je.

— Oui, monsieur.

— Eh bien ! conduisez-moi à elle.

La jeune servante me demanda mon nom, me fit entrer et me laissa un moment dans l'antichambre pour aller prendre les ordres de sa maîtresse.

Elle revint bientôt, me fit traverser un salon, et, mettant la main sur le bouton d'une porte, elle l'ouvrit en disant :

« Veuillez entrer. »

La chambre était dans un demi-jour, les rideaux fermés.

Un lit à tentures blanches en occupait le fond disposé en alcôve. J'entrai doucement, le cœur battant, et m'approchai de la pauvre malade dont la figure pâlie et maigrie reposait, souffrante, sur l'oreiller.

Je ne puis dire l'émotion que je ressentis en la voyant ainsi, après un mois de séparation et dans des circonstances si différentes. Les pleurs remplirent mes yeux.

Une de ses mains était étendue sur la couverture, je la saisis, et m'agenouillant au pied du lit, je la baisai en fondant en larmes.

Elle tressaillit et ouvrit les yeux :

— Qui êtes-vous donc, monsieur, dit-elle en me regardant, et que me voulez-vous ?

— Oh ! pardonnez-moi, madame, d'être venu ainsi chez vous sans votre ordre. Mais j'ai su que vous étiez malade, que vous étiez seule, et je n'ai pu y résister, je suis venu. Si vous me le permettez, je resterai auprès de vous, je vous soignerai, je serai votre garde-malade jusqu'à ce que vous soyez rétablie. Qui je suis ? ne me reconnaissez-vous pas ? Mais c'est vrai, vous ne m'avez vu qu'une fois, et si peu de temps, que vous m'avez oublié. Vous rappelez-vous le bal de l'Opéra-Comique ? Eh bien ! je suis ce jeune homme avec qui vous avez dansé la dernière valse. Dites, vous rappelez-vous maintenant ?

— Le bal de l'Opéra-Comique ? j'y ai donc dansé ? dit Anna qui me regardait avec attention.

— Oui, avec moi. J'étais avec mademoiselle Madeleine et un de ses amis : un moment, vous nous avez laissés pour parler à un monsieur, et pendant ce temps mademoiselle Madeleine me quitta.

A votre retour, me trouvant seul, vous m'avez parlé et je vous ai demandé s'il était vrai que vous étiez malade. Vous m'avez répondu qu'en effet vous étiez souffrante, et cela m'a fait de la peine. Puis, comme la valse allait commencer, vous m'avez pris pour cavalier, et à la fin, vous m'avez dit que j'étais fou.

— J'avais un tremblement dans la voix qui rendaït mes paroles presque inintelligibles. Je pleurais, la main d'Anna fiévreusement serrée entre les miennes et les yeux fixés sur les siens. A mesure que je parlais, elle s'inclinait vers moi et une teinte rosée colorait les pommettes de ses joues. Mes dernières paroles semblèrent mettre le jour dans son esprit. Elle sourit, me fit lever, m'attira vers elle et, passant sa main dans mes cheveux :

— Oui, je vous reconnais maintenant, me dit-elle. Pauvre enfant! vous m'aimiez donc réellement ce soir-là ?

— Il y avait déjà longtemps que je vous aimais !

— Vrai ? et depuis quand donc ?

— Depuis un soir du mois de janvier où je vous vis jouer la *Dame Blanche*.

— Et vous ne m'en avez jamais rien dit !

— Non, mais j'allais au théâtre tous les soirs que vous jouiez, et mon bonheur était de vous voir et de vous entendre. Si vous saviez quel plaisir c'était pour moi d'écouter votre voix et quel chagrin j'éprouvais lorsque le spectacle avait cessé ! Je ne pensais plus qu'à vous, je ne voyais que vous partout ; vous étiez devenue ma vie, mon tourment continuel. Oh ! combien vous m'avez fait souffrir sans le savoir !

C'était bien singulièrement parler. Anna sourit :

— Vous riez ? lui dis-je ; vous me trouvez ridicule ?

— Nullement. Mais puisque vous m'aimiez tant, pourquoi ne me l'avez-vous pas dit au bal ?

— Je ne l'ai pas osé, Madame ; si j'avais eu cette confiance, vous auriez ri de moi et vous m'auriez appelé fou.

— C'est possible ; mais je vous aurais dit de venir me voir.

— Oh ! si je l'avais su, je vous aurais parlé ; et cependant...

— Quoi donc?

— Il vaut mieux que je n'aie rien dit.

— Pourquoi ?

— Parce qu'il y a des positions qu'on ne peut aborder qu'avec de la fortune, et que moi, je n'en ai pas.

— Alors que venez-vous faire ici ? dit Anna d'un ton assez amer.

— Oh ! madame, ne me reprochez pas d'être venu. J'ai agi sans réflexion, n'écoutant que mon cœur qui me portait vers vous. Je ne pouvais pas vous laisser seule ainsi, moi qui vous aimais, alors que ma présence pouvait vous être de quelque secours. Oh ! je vous en supplie, laissez-moi vous soigner, vous veiller ; c'est une faveur que je vous demande en grâce ; et lorsque vous serez rétablie, guérie... eh bien ! je partirai et je vous bénirai...

Ces paroles n'avaient pas trop de sens, mais je les dis avec une telle tristesse, une si vraie douleur, avec un accompagnement de larmes si sincères, qu'Anna vit bien que je n'avais eu aucune idée injurieuse en lui parlant. Son visage s'émut ;

elle me prit la main, la serra dans la sienne et me dit tout doucement :

— Vous m'aimez donc à ce point-là ?

— Je n'aime que vous au monde.

— Et vous voulez me soigner tant que je serai souffrante ?

— Oui.

— Mais cela vous ennuiera !

— Oh ! non, vous verrez !

Alors, elle prit ma tête entre ses mains, imprima ses lèvres sur mon front, et me dit :

— Allons, séchez ces larmes ; mettez-vous là à côté de moi et causons.

Je lui dis mon enfance presque oubliée, ma jeunesse errante et comme abandonnée, mon cœur vide et mon ennui mélancolique jusqu'au jour où je la vis. Elle trouva des paroles pleines de compassion et d'amitié pour me consoler et pour m'encourager.

— Moi, j'ai souffert aussi, dit-elle, mais c'est par ma faute. Je vous raconterai cela plus tard, et vous verrez, nous nous consolerons tous les deux.

Une petite toux sèche et maligne la prit :

— Y a-t-il longtemps que vous avez cette maladie? lui demandai-je.

— Il y a quatre mois.

La toux redoublait. Je courus vers la table et saisis un flacon que me montrait Anna; je versai de son contenu dans un verre et, passant mon bras sous la tête de la malade, je la soulevai et lui fis avaler le breuvage. La toux s'apaisa et craignant de la voir recommencer au moindre effort, je dis à Anna: « Ne parlez plus, cela vous fait du mal: »

Je ramenai les couvertures, rapprochai l'oreiller, et la pauvre fille, heureuse de ma tendresse, me serra la main en souriant, ainsi que font les anges. Au bout de quelque temps elle s'endormit. Je m'assis à son chevet, et pendant le temps qu'elle sommeilla, je tins les yeux fixés sur son visage: contemplation douloureuse durant laquelle mon cœur se gonfla d'amour pour cette infortunée victime de nos mœurs et de nos plaisirs! Pauvre femme! quel crime avait-elle commis avant de naître pour que le ciel la jetât, elle si belle, si douce et si aimante, en pâture aux hommes ineptes et brutaux qui, après avoir brisé sa vie et flétri son âme, la laissaient se débattre seule et désolée entre la souffrance et la mort !

VIII

Quand elle ouvrit les yeux, j'étais penché sur elle : son regard se fondit dans le mien, et m'entourant le cou de ses bras, elle m'attira contre elle et m'embrassa en disant :

« Cher enfant, que tu es bon ! » Elle avait les yeux humides de larmes en disant ces mots.

Nous restâmes ainsi quelque temps enlacés, murmurant des mots que nos cœurs devinaient et échangeant des regards plus éloquents que les paroles.

Je la questionnai sur sa maladie.

— C'est une bronchite des plus aiguës, me dit-elle; mon médecin m'avait ordonné du repos et un régime hygiénique, mais je n'ai tenu nul compte de ses ordonnances. Que veux-tu ? je ne m'appartenais pas. Nous autres actrices, nous sommes si peu de chose, que les hommes qui nous courtisent le plus semblent profiter de nos moments de souffrance pour satisfaire leurs plaisirs et nous plantent là quand nous n'y pouvons plus suffire.

— Ce sont des monstres !

— Non, mon pauvre enfant, ce sont d'honnêtes pères ou fils de famille. Ils nous prennent pour s'amuser et nous payent le plaisir que nous leur avons procuré : c'est un marché où les sentiments n'entrent pas. Toi-même, si au lieu de vivre en sauvage, tu t'étais mêlé à ce monde où nous recrutons nos bailleurs de fonds, tu aurais adopté leurs sentiments, et je ne serais pour toi qu'une boîte à musique qu'on fait jouer sur tous les tons.

— Anna, ne dites pas cela ! vous savez bien que ce n'est pas possible, lui dis-je d'une voix triste et d'un ton de reproche. Est-ce que tout le monde pense ainsi, voyons !

— A peu près, va, excepté quelques enthousiastes de ton âge, continua-t-elle en souriant. Crois-tu donc que nous valions grand'chose ?

— Et pourquoi non ! est-ce que vous êtes d'un autre limon que les autres femmes ?

— Nous parlerons de cela plus tard, me dit-elle,

il est six heures, et voilà le docteur qui arrive.

En effet, la sonnette venait de tinter, et un moment après, le médecin parut.

Il examina le visage, la langue, tâta le pouls, appuya la main sur le cœur, et après une série de questions, déclara qu'il y avait du mieux.

— Il faut du calme et beaucoup de repos, ajouta-t-il; si vous suivez bien mes prescriptions, dans cinq ou six semaines le mal sera passé et deux mois de séjour en Italie ou aux Pyrénées achèveront de vous remettre complétement. Mais si vous ne suivez pas mieux mes ordonnances cette fois-ci que vous ne l'avez fait ces mois passés, je ne répondrai de rien et je serai forcé de vous abandonner à votre malheureux sort.

Ces paroles furent prononcées d'un ton sévère, et en même temps bienveillant et paternel qui allait bien aux cheveux gris du docteur.

— Soyez tranquille, monsieur, lui dis-je; j'y mettrai bon ordre et je vous assure que madame se réglera d'après vos prescriptions.

Il me regarda avec un certain étonnement.

Sans doute, il m'avait pris d'abord pour un

amant quelconque, de passage, comme tant d'autres, au chevet de l'actrice et faisant une visite de convenance.

— N'est-ce pas, madame, que vous serez sage et que vous obéirez à monsieur et à moi? dis-je à Anna, comme pour répondre au regard du docteur.

— Je ferai tout ce que vous voudrez, répondit-elle avec un ravissant sourire et en me pressant la main.

— Monsieur est donc votre garde-malade? demanda le médecin.

— Oui, docteur, et un garde-malade qui m'aime bien, allez, celui-là!

Devina-t-il le mystère de notre amour? je le crois au sourire plein de bonté qu'il eut en me serrant la main au moment de descendre l'escalier, jusqu'où je l'avais accompagné.

Revenu auprès d'Anna, je lui fis prendre le bouillon ordonné par le médecin; je disposai tout autour d'elle avec autant de soin qu'une mère en aurait montré pour son enfant malade; elle me parla encore quelque temps et me demanda si je resterais la nuit auprès d'elle; à quoi je répondis que oui.

— Tu me rends bien heureuse, me dit-elle, car j'ai été bien triste ces nuits dernières, seule et sans personne pour me garder que Delphine.

— Comment donc mademoiselle Madeleine n'est-elle pas venue vous voir?

— Madeleine est une bonne fille, répondit-elle, et elle m'a soignée les premiers jours; mais elle n'est plus libre à présent; elle a son théâtre d'abord, puis ses amants qui lui prennent tout son temps.

— Et ce monsieur avec qui vous causiez la nuit du bal? hasardai-je timidement.

— M. Bertrandon? dit-elle en secouant la tête et en riant, c'est lui qui est cause de ma maladie; il n'y a pas de danger qu'il vienne demander de mes nouvelles! il me laisserait plutôt jeter à la fosse commune.

— C'est donc un misérable?

— C'est un homme comme tous les autres; mais les honnêtes gens prennent-ils souci des créatures comme moi? une s'en va, il en reste mille; on peut donc en abuser sans crainte, et en tuer sans remords! Nous sommes faites pour cela!

— Anna, je ne veux pas que vous parliez ainsi, vous me faites mal. M. Bertrandon est un misérable, il ne faut plus penser à lui.

— Je n'y pense pas non plus, va, mon enfant, et je suis même très-contente d'être débarrassée de sa présence. Il m'ennuyait assez!

Elle resta encore quelque temps éveillée, la tête songeuse. Un nuage de tristesse passait par moments sur son front, comme un souvenir des mauvais jours. Alors elle rejetait les yeux sur moi, et, sans mot dire, me regardait. Mon esprit aussi se perdait en rêveries confuses; elle s'en aperçut :

— A quoi penses-tu?

Je lui pris la main pour la baiser, et je répondis : « A toi; » et après une pause :

— Dormez, lui dis-je, il est nuit noire; le sommeil vous fera du bien.

Nous nous embrassâmes une dernière fois, et elle ferma les yeux.

Telle fut la première de ces trente journées que je passai au chevet de ma divinité souffrante. J'étais trop heureux ! Dans mes rêves les plus dorés, jamais je n'avais mieux espéré que ce que la réalité m'offrait en ce moment. Je crus à une providence bienfaisante, car c'était une main providentielle qui m'avait conduit le 25 janvier à cette représentation de la *Dame Blanche,* juste au moment où Anna, frappée par la maladie, offrait son cœur plus attendri et mieux préparé à la première éclosion de l'amour. Et puis ce mal dont elle souffrait allait être vaincu par mes soins ; elle renaîtrait à la vie en naissant à l'amour, et de ce jour, nos deux âmes, confondues en un seul souffle, ne formeraient plus qu'un duo où nos voix chanteraient accompagnées par les battements de nos cœurs !

Je m'approchai de la fenêtre : il faisait un clair de lune superbe. Dans la rue, les voitures roulaient, les piétons couraient ou flânaient, et je pensais que, dans cette foule qui passait et repassait sous la fenêtre, il y avait peut-être un ou plusieurs hommes qui s'étaient parés un jour de l'amour d'Anna, et qui aujourd'hui couraient à d'autres maîtresses pour les abandonner plus tard Pauvres gens ! tant qu'elle avait été brillante de fraîcheur et de santé, ils l'avaient entourée, flattée et courtisée ; ils avaient été assidus auprès d'elle, ils l'avaient attirée à leurs fêtes, fait servir à leurs plaisirs ; ils l'avaient lentement ruinée tout en la couronnant de fleurs et en l'applaudissant ; et aujourd'hui qu'elle souffrait, pas un ne trouvait un mot à dire, un moment à donner à celle dont ils avaient tous autrefois mendié le moindre sourire ! Pour ces êtres, l'amour c'est la sensation brute que la vachère malpropre procure plus vivement que la plus raffinée courtisane. Ils n'ont rien dans le cœur, pas un sentiment propre ; rien dans l'esprit, pas une idée noble ; et ils s'en vont, comme des chiens et des pourceaux, se vautrer processionnellement sur des corps de femmes, et, quand ils se sont bien abrutis de la façon, ils ont mené la vie, la grande et belle vie ! Riches ou pauvres, tous ces hommes me faisaient pitié : à quoi pensaient-ils, les malheureux, à quoi passaient-ils leur temps !

Pour moi, je ne voyais plus qu'un but à la vie, qu'une occupation sérieuse : aimer ma maîtresse et veiller sur elle ! Le médecin avait parlé de la conduire aux eaux des Pyrénées ; moi, j'aurais voulu voler avec elle dans les airs jusqu'au Sahara, et, arrivés dans le désert, arrêter notre course sur une oasis où nous aurions passé nos jours, éternellement isolés des hommes et sans nous occuper de rien au monde que de nous-mêmes. Nous dormions sous les dattiers et nous puisions l'eau du puits ombragé par les palmiers ; nous nous étendions sur l'herbe pendant que sur les arbres chantaient les oiseaux bleus ; nous gambadions, nous nous poursuivions et nous retombions à genoux l'un devant l'autre, comme deux anges descendus du ciel et qui se seraient rappelé leur patrie !

Ces beaux rêves me berçaient pendant que je veillais Anna ; son sommeil ne dura pas longtemps ; sa respiration devint plus pénible, et sa gorge se serra ; elle eut une toux violente qui semblait lui rompre la poitrine ; ses lèvres bleuirent, ses joues s'empourprèrent. Je saisis les calmants ordonnés par le docteur, et je les lui fis avaler. La crise cessa peu à peu : la respiration reprit son cours naturel, la joue sa pâleur et la bouche ce sourire angélique qui était ma plus douce récompense.

— Ce vilain mal me fait par moments bien souffrir, dit-elle.

Elle dormit peu le reste de la nuit qui fut sans secousses : je la tenais presque dans mes bras, et les monosyllabes que nous murmurions étaient une langue si complète et si musicale que la nuit passa sans que nous eussions entendu autre chose que les battements de nos cœurs.

Plus d'un mois s'écoula de la sorte. Je n'avais presque pas quitté la malade pendant toute cette période. La tristesse que lui avait causée son abandon dans les premiers jours avait fait place à une douce tranquillité ; je l'aimais à en perdre l'âme et elle m'appelait son enfant ; elle m'obéissait avec joie, ne voulait prendre ses potions que de ma main, disant que j'étais son meilleur médecin ; puis, elle me contait ses peines, ses espérances, ses sentiments ; elle me prenait la main quand elle souffrait, et l'appuyait sur son cœur ; quand elle dormait, il fallait que je fusse là, ou bien, disait-elle, elle faisait de mauvais rêves ; et quand elle veillait, souvent je l'enveloppais de mes bras, et nous restions ainsi de longues heures, seuls, penchés l'un contre l'autre, les yeux dans les yeux, et nous souriions, le cœur ému, et nous causions doucement de choses bien douces !.....

Nous étions arrivés aux derniers jours du mois d'avril, à l'époque où les arbres commencent à reprendre des feuilles. Anna était revenue insensiblement à la santé. Elle ne demandait pas mieux que de vivre, la pauvre chère enfant, maintenant qu'elle se sentait aimée ; et elle voulait se consacrer tout entière à cet amour que le ciel lui avait envoyé aussi pur et aussi vrai que les autres avaient été profanes et mercenaires. Elle s'était levée depuis quelques jours, et le plus souvent elle restait assise dans un grand fauteuil auprès de la cheminée. Quelquefois, vers le milieu du jour, quand le soleil était chaud, elle venait à la fenêtre, et nous regardions ensemble la foule errante d'hommes et de voitures qui emplissait la rue.

« Quand je serai mieux, nous irons-nous promener aussi, me disait-elle ; quel bonheur ! et puis, elle me prenait la main :

« Tu ne me quitteras jamais, n'est-ce pas, mon enfant; tu résteras toujours avec ton Anna ; tu l'aimeras bien, dis ? Oh ! si tu savais comme je t'aime, moi, comme je suis contente de te voir auprès de moi, de sentir ton cœur battre contre le mien ! » et alors nous tombions dans les bras l'un de l'autre, et nous nous faisions, ravis, le serment de nous aimer éternellement !

Pauvre Anna ! comment ne l'aurais-je pas aimée !

Avec ce grand amour, il y avait une chose que je désirais bien connaître : c'était la vie d'Anna.

Comment, en effet, une femme d'instincts aussi élevés se trouvait-elle jetée dans le bourbier du théâtre ? Je n'avais jamais encore osé le lui demander, tant je craignais de la contrarier, et j'avais mieux aimé attendre qu'elle m'en parlât d'elle-même, quand elle le croirait convenable, et me contenter pour le moment de quelques traits qu'elle m'avait contés de sa carrière théâtrale ; et cependant, maintes fois, l'occasion se présenta à moi de lui demander cette confidence. Souvent, en effet, en pensant à sa profession d'actrice, je l'entendis s'affliger sur sa destinée qui la condamnait à ne vivre que pour les autres, à se travestir sans cesse, à feindre tous les sentiments, comme si elle n'en éprouvait aucun.

« Quel triste sort est le mien ! » s'écriait-elle ; et puis elle baissait la tête tristement en disant :

« Je l'ai mérité ; c'est moi qui l'ai voulu. »

IX

Un jour, renversée dans son fauteuil, près de la cheminée, les pieds sur les chenets, elle regardait vaguement un grand portrait de la Malibran qui décorait la muraille. Debout au dossier du fauteuil, je suivais son regard mélancolique, et, dans son front pensif, il me semblait voir tout un infini de douleurs. De chaque côté de ce tableau de la grande cantatrice, il y en avait un plus petit : celui de droite représentait une jeune fille des pays basques, une enfant de quinze ans, souriante et une fleur dans les cheveux. Elle avait les yeux noirs et le teint brun : une figure pétulante, tête de Murillo, venue sur les bords de la mer de Biscaye, près des bleus sommets des Pyrénées, entre l'Espagne et la

France. Il ne fallait pas être bien clairvoyant pour deviner que cette jeune enfant n'était autre qu'Anna dix ou douze ans auparavant; Anna naïve, innocente, une sauvage fille de la mer.

C'était bien le même regard et le même visage, quoique le teint eût blanchi et la chair maigri. Le portrait de gauche représentait encore Anna, mais dans un de ses rôles, en domino noir. Ces trois tableaux, c'était toute une vie, et quelle vie ! Après avoir regardé ces portraits :

— Ingenio, me dit-elle, il faudra bientôt que je fasse ma rentrée au théâtre.

Je ne répondis rien.

— Viens donc plus près de moi, fit-elle alors en me prenant la main, viens, que je te parle.

Je m'agenouillai devant elle et mis sa main dans la mienne :

— Est-ce que cela te fait de la peine ?

— Oui, répondis-je.

— Pourquoi ?

— Tu ne m'appartiendras plus et tu souffriras encore ! Depuis ta maladie, je m'étais habitué à ne vivre que pour toi et avec toi, dans la même chambre, au pied de ton lit ou de ton fauteuil ; maintenant, il faudra que je te partage avec je ne sais combien de milliers d'êtres indifférents ou grossiers, qui achèteront chaque soir le droit de t'applaudir ou de te siffler, et je n'occuperai plus que la deuxième place dans ton cœur, la première étant forcément au public.

Elle me regarda quelque temps sans répondre ; puis, secouant la tête :

— Tu pouvais penser tout cela, dit-elle, mais tu ne devais pas m'en parler. J'ai bien assez de mes propres réflexions sans que tu viennes y ajouter les tiennes, et ce n'est pas au moment où j'ai le plus besoin d'encouragements que tu devrais te plaindre et m'affaiblir. Écoute-moi : depuis quelques jours je songe à ce que nous pourrions faire ensmble pour être heureux, et je me suis arrêtée à l'idée que voici : au mois de juillet, je prendrai un congé pour aller aux eaux et tu m'accompagneras. Nous irons à B..... dans les Pyrénées. Nous y louerons une maison, tout près de la ville, et nous vivrons tous deux ensemble, sous le même toit et dans le même lit.

Mais, si tu veux que ce plan réussisse, il faut me promettre d'être bien sage pendant les deux mois que nous avons à attendre, de n'être pas trop ombrageux, trop jaloux, et de ne pas pousser des soupirs de désespoir comme tout à l'heure. Me le promets-tu?

— Pourquoi ces recommandations, Anna? est-ce que j'ai été jaloux jusqu'ici et aurai-je donc besoin de l'être plus tard?

Elle sourit à ces mots et reprit d'une voix plus douce :

—Tu n'as pas été jaloux jusqu'ici, parce que, depuis un mois, personne n'est entré dans cette chambre que toi, Delphine et le médecin. Tu n'avais donc rien à craindre. Mais quand tu me verras parler avec d'autres hommes, tu vas te trouver bien triste et bien malheureux, tu vas me traiter d'ingrate et d'infidèle sans cœur, et tout cela sans raison et par jalousie.

— Non, je ne t'accuserai pas.

— Si, mon enfant, car un amant qui n'est pas jaloux a cessé d'aimer; tu ne sais pas encore cela, parce que tu es jeune, mais j'ai de l'expérience pour toi. Eh bien! je t'assure que si j'étais libre et maîtresse de moi-même, sans attendre plus loin que la fin de cette semaine, je ferais mes malles et j'irais avec toi achever ma convalescence dans quelque coin de France bien tranquille, où nous ferions à nous deux la plus charmante et la plus amoureuse idylle du monde. Je ne voudrais voir d'autre homme que toi. Mais, malheureusement, je ne puis pas disposer de moi-même comme je le voudrais, et je suis forcée d'attendre encore quelques mois. Or, il faut que je te le dise, ma position a bien des ennuis et des nécessités : de toutes les femmes, celles qui sont les plus empêchées à aimer d'amour vrai, ce sont les actrices, et entre celles-ci les chanteuses. Une ouvrière travaille toute la journée, et, le soir venu, elle peut faire ce qu'elle veut, et donner son temps à celui qu'elle aime ; pour nous, c'est différent. Nous sommes toujours sous la férule du métier. Les répétitions et représentations qui prennent une bonne partie de notre temps, et nous causent bien des tracas, ne sont pas seules à occuper notre esprit ; nous avons une foule de connaissances et de prétendus amis dont il faut bien subir les importunités ; et moi, vois-tu bien, je ne suis pas mieux posée qu'une autre. Une fois rentrée au théâtre, tous ceux qui me connaissent vont revenir autour de moi, et que d'ennuis, que d'obsessions avec eux ! Or, nous avons la foule, les critiques et Dieu à contenter ; je devrai donc bien forcément faire contre fortune bon cœur et sourire à chacun. Car, vois-tu bien, il nous est difficile, à nous, de vivre comme d'honnêtes femmes !

Elle appuya sur ces derniers mots avec un sourire railleur qui n'était pas sans tristesse.

— Pourquoi cela?

— Tu me le demandes? Pauvre innocent, tu es heureux d'ignorer toutes ces misères, mais il faudra bien que tu les apprennes, si tu persistes à m'aimer. Lorsque tu me disais tout à l'heure que le public occuperait désormais la première place dans mes préoccupations, tu ne te trompais pas tant ! Il faut bien qu'il en soit ainsi, car c'est notre maître, à nous, ce public multiple et changeant. As-tu jamais analysé une salle de spectacle et t'es-tu demandé en combien de classes se décomposent les douze à quinze cents spectateurs qui la remplissent d'ordinaire ? La moins nombreuse, et pour nous la plus redoutable, c'est celle des critiques brevetés, grands et petits, qui nous passent en revue les jours de première représentation ; c'est avec eux que nous devons le plus compter, car c'est leur opinion qui fait celle du gros du public, et je t'assure que dans le nombre il y en a plus d'un qui ne se fait pas faute d'user et d'abuser de son pouvoir. Elles sont souvent bien étrangères à la scène, les considérations qui dictent leurs jugements et font que nous sommes à certains jours préconisées ou maltraitées ; pour ma part, je sais à combien me reviennent leurs suffrages. Puis, le public blasé qui n'écoute guère, lorgne beaucoup et siffle peu ; ensuite, les bourgeois indifférents qui sont les plus nombreux et les moins offensifs de nos juges : pères et mères de famille quelquefois accompagnés de leurs enfants, chastes personnes qui nous écoutent de toutes leurs oreilles, nous jalousent et nous méprisent ensuite ; les financiers, ventrus ou non, qui nous lorgnent dans la salle et nous achètent dans la coulisse ; plus, quatre ou cinq jeunes enthousiastes qui quelquefois nous applaudissent pour tout de bon. Telle est la salle que nous sommes chargées d'échauffer, d'émouvoir et de ravir autant que nous pouvons : ce n'est point facile ! Comprends-tu maintenant combien de caprices nous avons à satisfaire, d'exigences à subir, et combien tu devras être indulgent pour moi ?

J'avais entouré sa taille de mes bras et, la tête appuyée sur elle, je l'écoutais. Sa parole était une musique douce et plaintive à notes lentes et graves, qui m'allait à l'âme.

Elle me prit la tête entre ses mains et reprit :

— Tu m'aimeras bien, n'est-ce pas, comme je t'aimerai moi-même, et tu me consoleras lorsque je serai triste ; car tu es mon seul bien, Ingenio, et depuis le jour béni où tu vins en pleurant t'offrir à moi pour garde-malade, j'ai été plus heureuse que pendant dix années ! Et ce bal de l'Opéra-Comique ? oui, je me souviens maintenant de ta figure, de ton air et de ton silence ; tout cela m'avait frappée, mais j'avais fini par tout oublier au milieu du tapage de ma vie. Une bien triste vie, celle qui a suivi ce bal et qui m'a jetée brisée dans mon lit !

— Qu'est-ce que tu as donc fait après le bal ?

— Je suis rentrée chez moi.

— Avec M. Bertrandon.

— Comment le sais-tu? fit-elle toute surprise.

— Je t'avais suivie. Tu sais bien qu'après la valse tu te mis à causer avec lui, et que tului donnas le bras pour monter en voiture. En te voyant partir, la tête me tourna et je me mis à te suivre tout éperdu. Je vis la voiture s'arrêter devant la porte, et M. Bertrandon monter l'escalier avec toi! Si tu savais ce que je souffris en ce moment! Je me mis à courir comme pris de délire, et quand je revins, après quelques minutes, la voiture n'était plus à ta porte. M. Bertrandon était-il parti avec elle?

Anna secoua la tête et répondit non.

Je me sentis défaillir à ce non, au point de retirer mes bras et de reculer. Je regardai Anna avec stupeur, comme si elle eût commis un crime, et puis je m'accoudai sur un canapé, et je cachai ma tête dans mes mains. Je savais pourtant bien qu'elle le haïssait, qu'elle en avait fini entièrement avec lui, qu'elle m'appartenait maintenant et qu'elle n'aimait que moi, après avoir été la maîtresse de bien d'autres ! et, malgré tout cela, je souffris de sa réponse comme si notre amour n'avait pas eu de commencement, et comme si, en le gardant ce soir-là avec elle, elle m'avait trahi !

Anna fut effrayée de ce saisissement, et d'une voix suppliante, elle me demanda de revenir près d'elle. Là, elle me jeta ses bras autour du cou, et me serrant contre son cœur qui battait, elle m'embrassa longuement sur les yeux, sur les joues, sur la bouche.

— Pardonne-moi, mon enfant, me dit-elle avec effusion, car tu ne sais pas combien j'ai eu à souffrir dans ma vie ! Depuis le jour où j'ai quitté ma famille — il y a de cela huit ans — je n'ai plus été libre de ma personne. J'ai passé par bien des mains ; j'ai subi bien des insultes. C'est ma punition ! Oh ! pardonne-moi !

Je portai sa main à ma bouche pour la baiser, et je lui dis :

— Tu as quitté ta famille, Anna, et pourquoi donc ?

Elle rougit, secoua la tête et ne répondit pas.

— Tu ne veux pas me le dire? tu ne m'aimes donc pas !

— Si, je t'aime, mais je t'en prie, ne me demande pas cela ; tu aurais honte de moi.....

Elle se tut quelques instants toute troublée, puis elle reprit :

— J'ai eu tort de te garder auprès de moi, d'entretenir ta passion..... tu ne sais pas que je suis une fille perdue, déshonorée, méprisée, que ma vie ne m'appartient pas, et que c'est à peine si je pourrai t'aimer comme je le voudrais. Non, cela ne pourra pas durer; tiens, quitte-moi, va-t'en, je te perdrais...

Je ne comprenais rien à ce subit changement, à cette frayeur, à cet émoi. Mais le ton douloureux et les paroles pénibles d'Anna me firent de la peine :

— Pourquoi veux-tu que je te quitte, mon Anna chérie? est-ce parce que tu es triste, dis que tu souffres et que tu m'aimes? Mais je n'aime que toi, moi aussi, et sans toi je mourrais. Je voudrais te consoler, te rendre joyeuse, et tu dis que j'aurais honte de toi si tu me racontais ton histoire. Mais, au contraire, te connaissant mieux, je t'aimerai davantage; et puis, quand le passé n'aura plus pour nous aucun mystère, que tous les voiles seront déchirés, nous n'en ferons qu'un; nos deux cœurs battront comme un seul, et nous serons heureux ou malheureux ensemble!

— Je n'ai rien à te refuser, et puisque tu tiens à connaître mon histoire, je vais te la raconter depuis le commencement, répondit Anna avec douceur. Elle est triste, elle me coûte beaucoup à redire; mais tu me sauras gré de cet effort, et tu verras que, loin d'être une madone, je ne suis tout au plus qu'une Madeleine repentie. Tu seras indulgent pour moi, n'est-ce pas? car c'est la plus grande preuve d'amour que je puisse te donner.

Je m'assis à ses pieds sur un coussin, et, après s'être tue quelques instants pour rassembler ses idées, elle commença son récit dont je n'ai rien oublié, ni une phrase, ni une intonation. Tel qu'elle le fit je veux le redire; ma pauvre Anna revivra ainsi tout entière devant moi.

X

« Mon vrai nom est Angélina Rémy. Je suis née, il y aura bientôt vingt-six ans, dans un petit village entre Saint-Jean-de-Luz et Bayonne. Mon père était pêcheur, et l'un des plus forts de l'endroit. J'avais deux frères qui tous deux servaient comme mousses sur le bateau dont mon père était le patron. Tous les matins ils partaient ensemble pour la pêche, tantôt du côté de Biarritz, tantôt vers les côtes d'Espagne, selon la saison et l'abondance du poisson. Leur absence durait quelquefois plusieurs jours pendant lesquels ma mère et moi nous restions seules. Ma mère s'occupait du ménage, préparait des filets et faisait de ces corbeilles en osier dont on se sert dans nos pays pour mettre les fruits. Je l'aidais à ses travaux, et sous ses yeux j'appris de bonne heure à réunir les tiges minces de l'osier, à les tresser et à en faire de petits paniers qu'on vendait ensuite à la ville. Notre maisonnette était tout au bord de la mer, dont le rivage uni et sablé était ma promenade favorite. Le matin, au lever du soleil, j'allais courir sur la plage, tantôt seule, tantôt avec une bande de petites filles de mon âge. Je grandis ainsi, en face de l'océan, au bruit des vagues souvent furieuses du golfe de Gascogne. Un vieux prêtre, qui depuis longtemps desservait l'église, me rencontrait quelquefois dans mes courses sur les bords de la mer et s'amusait de mon babil. Il me trouva de l'intelligence, me prit en affection, et, comme j'allais avoir dix ans, il vint un soir chez nous, me prit sur ses genoux, et dit à mon père qu'il avait l'intention de m'apprendre à lire et à écrire. Mes parents avaient des préjugés contre l'instruction, et pensaient qu'une fille de ma condition n'avait pas besoin de savoir tant de choses. Mais comme ils avaient beaucoup de religion et un grand respect pour monsieur le curé, ils n'osèrent pas opposer de résistance, et c'est ainsi que, par une exception à peu près unique, j'appris à faire des lettres et des chiffres, ainsi qu'à les lire sur le papier. Je n'en continuai pas moins à mener l'existence laborieuse des filles du hameau, et jusqu'à quinze ans ma vie fut à peu près semblable à celle de toutes les autres enfants.

« Regarde ce portrait, continua Anna en me montrant la jeune fille à la rose, comme je te l'ai déjà dit, c'est moi-même quand j'avais quinze ans. J'étais gentille, n'est-ce pas, et tout aussi fraîche que la fleur que je porte là dans mes cheveux. » Elle détacha le portrait, le regarda quelque temps et me le passa. Je l'embrassai et l'embrassai encore, et du portrait passant à l'original, je couvris mon Anna de baisers.

— Laisse-moi continuer, fit-elle après un moment.

Je repris ma place à ses pieds et elle poursuivit.

« L'âge était venu pour l'aîné de mes frères de prendre du service à bord d'un bâtiment de l'État. Il se rendit à Bayonne, et c'est en partant qu'il me fit faire ce portrait que j'ai toujours conservé précieusement. Il s'embarqua sur un brick de guerre qui se rendait dans les mers de Chine, et là il mourut de maladie, il y a quelques années. C'était celui que j'aimais le plus ; son départ me causa un grand chagrin, et je me rappelle que je pleurai toute la nuit qui suivit notre séparation.

« Tu sais que dans les campagnes on a l'habitude de faire des veillées qui se prolongent assez avant dans la nuit. Là, tout en travaillant, on conte des histoires, on lit ou l'on cause par groupes. C'était notre habitude de nous réunir ainsi : les hommes raccommodaient leurs filets, les femmes cousaient ou tournaient le rouet pendant que les enfants jouaient aux petits jeux dans un coin. Quelquefois on me faisait lire dans les livres que le vieux prêtre me donnait et qui contenaient, pour la plupart, des histoires édifiantes ou des récits de voyages dans tous les pays.

« Parmi les personnes qui se réunissaient à nos veillées, il y avait un métayer et son fils, qui s'appelait Lorans et avait deux ou trois ans de plus que moi.

« Lorans était le compagnon de mes plus jeunes années ; quand j'étais toute petite fille, je l'appelais mon petit mari, et, de fait, nous nous connaissions si bien, nous avions l'air d'être si bien ensemble, que nos parents, bons voisins depuis longtemps, nous destinaient l'un à l'autre. Devenus un peu plus âgés, nous aimions à nous rencontrer au bord de la mer, le matin et le soir ; nous nous poursuivions en riant, nous chassions les papillons et nous faisions des projets d'avenir. C'est là l'époque la plus heureuse de ma vie, et chaque fois que je pense à l'innocent bonheur dont je jouissais alors, je suis près de pleurer, car il n'a fallu qu'un moment de vertige pour briser comme verre ce bonheur et celui de toute ma vie.

« Non, cette amourette au bord de l'eau ne devait pas durer !

« Ici commence la deuxième partie de ma vie, aussi troublée, aussi agitée que la première avait été heureuse et sereine. Toutes tant que nous sommes, vois-tu, Ingenio, les courtisanes des villes, nous avons eu notre lune de miel, pendant laquelle nous avons été innocentes et pudiques, et si, un certain jour, nous avons cessé de l'être, c'est moins notre faute que celle des hommes, des circonstances et du malheur. Ce que je vais te raconter ici, bien d'autres pourraient le dire comme moi, car si les détails varient, le fond de l'histoire est toujours le même ; la nature n'a pas créé deux sortes de femmes, les unes pour être mères, les autres pour être impures. A l'heure qu'il est, je serais sans doute une bonne mère de famille aux environs de Bayonne, si je n'avais péché par trop d'innocence. Mes malheurs viennent d'un homme, comme ceux de la plupart de mes pareilles sont dus à la misère et à l'abandon. Mais la société ne remonte pas à la cause, elle ne juge que l'effet, et, nous voyant tombées, elle nous jette la pierre à pleines mains et le mépris à pleine gorge, sans songer que les plus respectées duchesses, mises en nos lieu et place, n'auraient point fait autrement, et que, cela étant, il ne faudrait respecter personne pour être logique.

« J'avais dix-sept ans, et l'on me citait comme la plus belle fille du pays ; mon père parlait de me marier, et je crois bien que l'année ne se serait pas écoulée sans qu'on célébrât mes noces, si.....

« C'est absurde ce que je vais te dire là, mais rien n'est plus vrai ; naïve, ignorante, comme je l'étais, ce qui m'est arrivé n'a rien de surprenant.

« Un soir du mois de juin, sur le chemin d'Espagne, je cueillais des fleurs pour m'en faire un bouquet, lorsque devant moi passa une cavalcade.

C'était une société de Bayonne qui venait de Saint-Jean-de-Luz ; je la regardai passer. Il y avait des femmes habillées en amazones qui riaient, escortées de beaux cavaliers. Parmi ceux-ci je remarquai un jeune homme à moustaches blondes, qui se tenait un peu en arrière et qui me sourit en passant.

« Quand la cavalcade eut disparu, j'éprouvai un sentiment inconnu jusque-là ; une tristesse indéfinissable m'envahit et je rentrai à la maison. Je parlai peu dans la soirée, et toute la nuit je fus poursuivie de rêves dans lesquels je revoyais la joyeuse caravane, les femmes qui riaient en galopant, et surtout le jeune homme blond et distingué qui m'avait souri. Le lendemain, j'arrivai plus tard au rendez-vous où Lorans avait coutume de m'attendre ; il me demanda doucement la cause de ce retard, et aussi pourquoi, à la veillée du soir, j'avais été si triste. Je lui répondis d'assez mauvaise humeur.

« De ce jour, ma tranquillité d'esprit et ma sérénité d'autrefois me quittèrent. Je ne pensai plus qu'au bonheur des femmes riches, aux cavalcades, aux bals, aux fêtes de toutes sortes ; je perdis ma gaieté, j'oubliai mes chansons, je rougis de ma pauvreté, de mon village ; tout m'attrista, et je songeai au beau jeune homme que j'avais vu. Ce jeune homme, je le revis quelques jours plus tard. C'était sur la plage : plusieurs bateaux venaient d'atterrir, et quand je sortis de la maison pour voir si le nôtre en était, j'aperçus debout devant moi le jeune inconnu qui, du regard, suivait les manœuvres des pêcheurs. Je fus heureuse à ne pouvoir le dire, et je devins rouge comme mon tablier. Il me regarda, et quand je levai les yeux sur lui, il eut ce même sourire qui m'avait tant plu la première fois.

« Nous nous rencontrâmes le lendemain au bord d'une pelouse ; il m'aborda très-poliment sous prétexte de me demander son chemin ; il me dit de galantes choses et me raconta qu'il s'appelait Léonce Vignerel, qu'il habitait Paris et qu'il était venu passer quelques jours à Bayonne chez un de ses amis. Nous nous revîmes les jours suivants : l'amour, un triste amour, m'était venu au cœur.

« Par un accord tacite, sans jamais nous fixer de rendez-vous, nous nous trouvions à la même heure, au même endroit, et nous nous promenions ensemble sur le bord de la mer, dans la campagne, au milieu des bois, partout où nous pouvions être seuls. Je me livrais à l'amour avec tout l'abandon et toute la confiance d'une pauvre fille ignorante du mal. Je disais à Léonce toutes mes pensées, tous mes désirs, toute ma tendresse; lui, me parlait de Paris, de ses fêtes, de ses théâtres, et de bien d'autres choses encore que je ne connaissais même pas de nom.

« Malgré cela, je crois qu'il était sincère alors et qu'il n'avait pas le désir de me tromper et de me perdre.

« Toujours est-il que je changeai peu à peu mes habitudes primitives; j'aidai plus mollement ma mère à ses travaux, je négligeai les miens, et je finis par prolonger mes absences.

« Quelques précautions que nous prissions pour nous cacher aux regards indiscrets, bien des fois nos promenades avaient été surprises. Les avis charitables ne me manquèrent pas; on me dit de me défier, de ne pas écouter cet étranger, car un faux pas est bien vite fait, et alors qu'on s'y attend le moins.

« Lorans délaissé savait tout, lui aussi. Un soir,

il me dit : « Tu ne m'aimes plus, Angélina, depuis que tu as vu ce monsieur ; prends garde de t'en repentir un jour. Tu sais l'histoire de Marjolinette..... »

« Marjolinette était une jeune fille des environs qui avait été séduite par un Espagnol et qui s'était jetée à la mer.

« Tous ces avertissements arrivaient trop tard.

« Enfin ma mère fut prévenue.

« Un matin, je lisais dans ma chambrette un petit livre que Léonce m'avait donné, lorsque ma mère entra.

« C'était une rude femme, ma pauvre mère, une digne et solide compagne de pêcheur.

« — Tu lis encore, me dit-elle : ce sont ces livres qui t'apprennent à courir avec les galants de la ville, n'est-ce pas?

« Je devins rouge de confusion, et, me sentant en faute, je tremblai sous le regard irrité de ma mère !

« — Que fais-tu depuis que ce citadin est ici ? Au lieu de travailler comme une honnête fille, tu cours les champs et tu écoutes ses fredaines ! Mais je ne veux pas, moi, que tu fasses comme la Marjolon et que l'honnêteté sorte de notre famille avec tes pieds! Tu vas donc lui écrire bien vite de ne plus se montrer dans le pays, et tu ne sortiras pas de la maison tant qu'il sera à rôder par ici.

« Je fus effrayée de ce discours; mais, habituée à obéir, j'écrivis à Léonce. Je ne me souviens plus des termes de ma lettre; je le suppliais, au nom de ma tranquillité, de quitter le pays et de renoncer à une liaison qui ne pouvait avoir pour moi que de tristes conséquences. Mais j'espérais bien qu'avant de partir il trouverait une occasion pour me revoir, et que nos adieux ne seraient point si secs et si brusques.

« Malheureusement, mon vœu fut exaucé.

« La nuit, en effet, vers onze heures et demie, pendant que tout le monde dormait, j'entendis deux petits coups contre mes carreaux : c'était Léonce.

« Il n'y avait entre ma chambre et la grande salle où se trouvait ma mère qu'une cloison très-mince : je tremblai que ma mère ne se réveillât au moindre bruit; et, m'approchant sur la pointe des pieds vers la fenêtre, je l'ouvris doucement et dis à Léonce, en retenant mon souffle :

« — Éloignez-vous, si maman s'éveillait, elle me tuerait en me voyant causer avec vous.

« Léonce prit ma main :

« — C'est donc vrai ce que vous m'avez écrit, et vous voulez que je parte ?

« — Oui, car ma mère est furieuse, et elle ne me laissera pas sortir de la maison tant que vous serez dans nos contrées.

« J'avais des larmes dans les yeux et ma main tremblait.

« — Eh bien ! puisque vous l'exigez, je partirai demain, me dit Léonce, et je viens vous dire adieu. Je vous aime cependant bien, Angélina, et je ne m'attendais guère à vous quitter sitôt. Est-ce que nous ne nous reverrons jamais ?

« Je ne répondis rien ; je pleurais.

« Il se pencha vers moi et m'effleura la joue de ses lèvres :

« — Viens, viens nous promener encore une fois, c'est la dernière. Je t'aime tant !

« Je fis quelque résistance ; mais je l'aimais trop pour résister longtemps à sa voix. Il faisait le plus beau clair de lune de Gascogne : Je franchis la fenêtre et tombai dans ses bras. Il me prit par la taille, et nous nous promenâmes derrière la maison, dans une prairie où l'herbe venait d'être coupée.

« Il me fit de tendres reproches, m'accusa de ne pas l'aimer, et me jura que lui, il m'aimerait toujours.

« Je pleurais suspendue à son cou.

« Nous marchâmes une demi-heure ainsi, et nous arrivâmes à la limite d'un petit bois situé assez loin de la maison. Nous étions seuls ; la nuit était silencieuse ; nous nous aimions et nous allions nous séparer, que te dirai-je de plus? . . . .
. . . . »

XI

... Anna, pendant ce récit, s'était inclinée vers moi : elle m'avait pris les deux mains et les tenait dans les siennes ; moi, je l'écoutais tout haletant.

En cet endroit, je fis un mouvement brusque pour me lever ; elle me retint, m'embrassa sur le front avec une indicible tendresse, et, secouant la tête, d'une voix plus émue encore, elle reprit :

« Tous ces souvenirs me sont bien pénibles, à moi aussi, mon pauvre mignon, quand je pense au bonheur que je perdis et aux malheurs dont cette nuit fut le prélude. La faute commise, la réaction se fit en moi, et je sentis toute l'étendue de ma chute ; jusque-là, j'avais été la plus honnête fille du canton ; s'il eût fallu couronner une rosière, on m'eût choisie.....

« Je me mis à sangloter :

« — Oh ! Léonce, vous m'avez perdue !

« Il me prit dans ses bras, me caressa et fit tout pour me consoler :

« — Viens, ajouta-t-il, et il voulut me ramener à la maison.

« — Et où voulez-vous que j'aille maintenant ? rentrer ! oh ! non, jamais je n'oserai plus paraître devant ma mère, elle me maudirait, et mon père, lui, me tuerait en apprenant ce qui s'est passé. Que vais-je devenir, ô mon Dieu !

« A cent pas de nous, la mer grondait dans la nuit : j'entendais le râlement du vent qui passait sur les rochers ; j'eus un tremblement par tout le corps ; le souvenir de Marjolinette traversa ma tête, et comme elle, je voulus m'élancer dans les flots.

« Léonce m'arrêta :

« — Que veux-tu faire ? s'écria-t-il, et il me saisit le bras, me demanda pardon et me fascina encore.

« — Si tu as peur de ton père, si tu ne veux pas rentrer chez toi, eh bien ! veux-tu venir avec moi à Paris ? Je t'aimerai, je prendrai soin de toi et nous vivrons ensemble jusqu'à ce que ton père te pardonne.

« Je résistai plus d'une heure ; mais effrayée, désespérée, folle et amoureuse comme je l'étais, je finis par accepter tout ce qu'il me proposait.

« Il fut décidé qu'il m'attendrait à Bayonne, où j'irais le rejoindre le jour suivant.

« Je rentrai et je passai la nuit dans les plus poignantes angoisses. Dans la journée, j'écrivis à ma mère un billet d'adieu par lequel je lui faisais connaître ma faute et implorais son pardon et celui de mon père.

« Dans la nuit qui suivit, je fis un paquet de mes hardes ; je dis un dernier adieu à cette maison et à tous ceux qu'elle renfermait, et je m'enfuis dans la campagne. Je retrouvai Léonce à Bayonne : nous arrivâmes ensemble à Paris, et mes infortunes commencèrent.

« Léonce était fils d'un propriétaire du Bordelais ; ses parents lui fournissaient une forte pension, et je ne lui ai jamais vu faire autre chose que de la musique sur divers instruments. Ce n'était pas un mauvais cœur, mais un esprit faible et déjà passablement perverti. Il avait frayé de bonne heure dans ce monde de jeunes gens riches et sans besoins qui vivent de caprices et se rient de tout parce qu'ils ne connaissent rien. Il avait pris leurs mœurs, leurs goûts, leurs habitudes. Dans les premiers temps, il fut attentif à moi, et s'il ne témoigna pas une très-grande ardeur, il fut du moins plein de prévenances. Il voulait se faire pardonner. Il commença à m'apprendre la musique, et je dois lui en savoir gré. Puis, il recommença à voir ses amis ; il me délaissa un peu : je lui fis des reproches, je pleurai ; il me consola et me rassura par quelques paroles. Qu'ajouterai-je là-dessus ? Ce qui devait arriver arriva. Il me montra à ses amis, me témoigna de moins en moins d'attachement, courut à d'autres maîtresses, et enfin, au bout de huit mois, mon abandon était presque complet. Les chagrins que j'avais éprouvés, les remords qui me poursuivaient, l'inquiétude continuelle, enfin, où j'étais plongée, furent causes que je fis une fausse couche, et Dieu en soit béni, du moins ma faute ne sera soufferte que par moi-même !

« Un jour, Léonce m'annonça que ses parents le réclamaient auprès d'eux, et me fit sentir que je devais m'attendre à le quitter avant peu. Depuis un an, j'avais assez réfléchi à la position que je m'étais faite, et je ne conservais plus guère d'illusions sur moi-même ni sur les autres ; abreuvée d'opprobres, j'étais préparée à tout, et résignée au métier de courtisane dont j'acceptais les souffrances comme une expiation. Je rejetai fièrement la somme que le jeune libertin me proposait comme dédommagement, et je lui répondis que la fin était digne du commencement, et qu'après avoir perdu une malheureuse jeune fille ignorante, le meilleur moyen de ne pas se contredire, c'était de l'abandonner avec cette grâce chevaleresque dont il faisait preuve.

« Cette triste scène qui suivit ma plus amère déception, je ne l'oublierai jamais. J'avais le cœur brisé par tant de sécheresse, d'ingratitude et de lâcheté, et depuis ce jour, je n'ai eu que du mépris pour toutes ces sortes de gens que j'étais forcée de fréquenter.

« Je ne sais pas si le nombre des filles trompées est grand parmi les déclassées de Paris, mais, quel qu'il soit, il suffit pour absoudre, excuser et justifier, car c'est représaille, celles qui mènent à la ruine ces vauriens qui s'intitulent des fils de famille.

« Un des amis de Léonce avait semblé m'adorer : je passai à lui. Il me mena à Toulouse, d'où il était. Je commençais à bien connaître la musique. Prévoyant que son caprice serait encore plus éphémère que celui de Léonce, je songeai à me mettre à couvert de toute éventualité, et résolus d'entrer au théâtre. J'avais une belle voix que les leçons de Paris avaient réglée, et je pouvais réussir à la scène. J'en parlai à M. de V......, il connaissait le directeur, et ne fit pas difficulté de faciliter mon début au Grand-Théâtre. — C'est alors que je pris mon nom d'Anna Bertani. — Ce début eut lieu et je réussis pleinement : on m'applaudit, on me jeta des bouquets, on cria : Vive la Bertani ! toutes ces démonstrations m'encouragèrent, et je fus fière de mon talent naissant.

« Mon succès fit du bruit, et le directeur de l'Opéra-Comique vint à Toulouse pour m'entendre. Il fut ravi. Il me proposa pour le mois suivant un magnifique engagement que j'acceptai avec grande joie.

« Je me considérai, dès ce moment, comme libre et maîtresse de ma vie, et, peu portée au scandale, peu sensible aux vanités du luxe, et toujours sous le coup de ma dernière entrevue avec Léonce, je crus de bonne foi que je pourrais m'isoler, vivre tranquille, à mon gré, convaincue que, hors de mes chansons et de mes roulades, on n'avait rien à me demander. Si j'avais su alors combien est fatigant, ingrat et humiliant ce métier d'actrice que j'embrassais comme une délivrance, il est probable que j'aurais préféré purement et simplement celui de fille entretenue. Je me serais ainsi épargné les exigences et les caprices des directeurs, auteurs, feuilletonnistes, l'étude aride des rôles, et le triste plaisir d'aller m'étaler sur la scène, m'exposer aux sifflets et aux injures, et de me donner pour maître le premier galopin en possession de dix sous ! A quoi m'a servi tout cela ? A rien, puisqu'il m'a fallu, comme la première fille venue, avoir des amants, être payée par eux, et les suivre et mener la vie qu'il leur plaisait de me faire. Les honnêtes gens ou ceux qui se croient tels m'ont mis au même rang que Madelon, dans le panier aux ordures : la plus petite épicière se renfrogne en parlant de moi, et ma coiffeuse se croit une bien autre femme que moi sous tous les rapports ! Bref, il faut amuser les gens avec son esprit et son corps, subir le mépris et le dédain de tous, et lorsqu'on a bien chanté, crié et couché, on s'en va seule, éreintée, ruinée, brisée, finir dans un grenier sa vie de prostituée ! »

Anna dit ces mots avec vivacité et d'un air de révolte.

Les larmes qui lui étaient venues aux yeux en

contant les premières suites de sa séduction, coulèrent sur ses joues, et moi dont le cœur avait vibré à toutes ses paroles et partageait son indignation, je bondis en voyant ses pleurs, et, l'enserrant de mes bras :

« Oh ! ne pleure pas, petite Anna, lui dis-je en versant moi-même des larmes ; je t'aime bien, moi, et je ne te quitterai jamais ! Ne pleure pas, voyons, tu me fais mal ! Ne pense plus à cette vilaine histoire qui te fait souffrir, et parlons de notre avenir heureux, veux-tu ? »

Mes lèvres s'étaient collées sur sa bouche, et je palpitais sous cette étreinte enivrée. Elle, d'une main cachait ses yeux pour retenir son chagrin ; j'écartai cette main, et lui dis :

— Regarde-moi donc !

Oh ! comme elle m'embrassa, et quelles paroles, quelles caresses, quels sourires ! Elle me prit à côté d'elle sur le sofa, me renversa sur ses genoux, et, me soutenant dans ses bras, tantôt me frôlait le visage de ses lèvres, tantôt me regardait à distance ; puis me tenait étroitement serré contre son cœur. Alors, les rôles changèrent ; je la pris à mon tour sur mes genoux et les mêmes scènes recommencèrent.

Que nous étions heureux, et que la mort serait douce en des moments pareils ! Je ne sais si aucune des jouissances que j'éprouvai par la suite me remplit d'un plus parfait bonheur, mais en ce moment je n'en désirai pas davantage et j'eus le paradis sur la terre.

Quand ces jeux cessèrent, je reposais la tête sur l'épaule d'Anna, et le cœur contre son sein ; elle se mit à rire :

— Que tu es enfant ! dit-elle.

— Pourquoi donc ?

— Tu es un vrai enfant qui rit et pleure sans savoir pourquoi.

— Mais je pleure quand je te vois pleurer, et quand tu ris, il est tout juste que je rie aussi !

Elle rit encore :

— Quel enfant ! Oh ! quel drôle d'enfant ! et que je l'aime ! Et elle me caressa, me dorlota, fit mille enfantillages charmants.

— Et mon histoire, est-ce que tu ne veux pas en connaître la fin ? reprit-elle.

— Si, mais tu ne pleureras pas.

— C'est fini maintenant. Mais tu m'aimeras toujours bien et tu m'écouteras sans te fâcher, le promets-tu ?

— Oui, je t'écoute.

« Eh bien ! je te disais qu'en entrant au théâtre, je voulais me tenir dans une bonne ligne de conduite, loin de toute intrigue, et vivre simplement.

« Je vis bien vite que c'était pure chimère, et que ce n'est pas quand elle débute à dix-neuf ans dans un théâtre de Paris, seule devant Dieu et devant les hommes, qu'une femme peut avoir des velléités d'honnêteté. Dès qu'elle a mis les pieds sur les planches, elle est considérée comme perdue moralement, et si, par un prodige de volonté et de vertu, une jeune fille résiste à toutes les embûches qu'elle y rencontre, loin de lui en savoir gré, de l'en complimenter et de l'encourager, beaucoup la montrent du doigt en riant. On lui fait presque un reproche de sa vertu, on lui dit : « A quoi cela vous mènera-t-il de vous singulariser ? » On semblerait croire vraiment que, quand une femme entre au théâtre, elle doit laisser à la porte toute espérance et toute moralité.

« Dès les premiers jours, les gazettes chantèrent mes louanges avec toutes les épithètes du répertoire, et certifièrent que depuis longtemps on n'avait enregistré un aussi éclatant début. Le soir, dans les coulisses, je fus entourée d'un double cercle de fervents admirateurs dont les compliments me parurent fades et équivoques, ce à quoi je me suis habituée depuis. N'étant pas encore rompue aux roueries du théâtre, je reçus toutes ces fariboles d'un air modeste et gauche, et j'y répondis timidement. Il y eut des sourires. Bref, je ne brillai point autant derrière la toile que sur la scène.

« Au bout d'une semaine, je m'étais familiarisée avec les habitudes du lieu, et un matin, en entrant dans ma loge pour une répétition, le garçon me remit un coffret et une lettre. J'ouvris la lettre; après de grandes protestations d'amour et des félicitations pompeuses, le signataire, un M. R..... me priait d'accepter ce coffret comme un humble hommage.

« Je remerciai M. R..... de son amitié et lui renvoyai le coffret. Le soir, il vint me voir et insista pour que j'acceptasse ses offres. Je résistai et déclarai que je n'accepterais jamais aucun cadeau, n'en ayant pas besoin.

« Plusieurs propositions semblables se succédèrent de différentes façons et au nom de divers personnages.

« Je repoussai toutes les tentatives.

« Quand mes prétentions furent bien connues et constatées, les dispositions changèrent : ce furent des compliments ironiques, on m'appelait la rosière ; des billets d'injures anonymes, j'étais une petite oie ; des articles dans les petits journaux et des gorges-chaudes partout, même et surtout de la part de mes camarades.

« Un soir, à une représentation, avant d'entrer en scène, j'eus une discussion animée avec un habitué du théâtre qui depuis plusieurs jours me harcelait sans succès ; cette scène me troubla, et, au moment de chanter un grand air, je fus prise au dépourvu et j'estropiai la mélodie.

Un sifflet aigu partit des fauteuils de l'orchestre : quelques murmures éclatèrent accompagnés de rires et de cris : tout cela contre moi, pauvre malheureuse, seule sur la scène ! Oh ! il y a des gens bien lâches, mais s'ils savaient quelle torture sans nom c'est, pour une femme, de s'entendre ainsi siffler devant une salle pleine, devant tant de visages moqueurs, seule, entends-tu bien, exposée sur les planches comme sur un pilori, sans pouvoir faire un pas, pousser un cri, oh ! ils auraient honte d'une telle indignité, et ils cracheraient au visage de celui qui oserait la commettre ! Pour moi, j'ai gardé de cette soirée un amer souvenir, et si la colère du ciel m'avait donné une fille, plutôt que de l'exposer à pareil supplice en la faisant actrice, j'aimerais mieux lui tordre le cou, la jeter dans la Seine et m'y précipiter moi-même après !

« Le siffleur était un de mes poursuivants malheureux qui se vengeait ; mais, à côté de lui, un homme que je ne connaissais pas l'apostropha rudement ; il y eut une querelle et le lendemain ils se battirent. Le siffleur fut blessé. Quant à mon défenseur chevaleresque, je ne l'ai jamais revu.

« Cette aventure acheva de me convaincre qu'il fallait plier sous la nécessité, et, comme les autres, s'abandonner au courant. Dans la foule de mes assiégeants, je pris celui qui me semblait le moins ennuyeux, et je devins sa maîtresse ou sa chose, pour mieux dire. Je fis tout ce qu'il voulut; j'étais jolie alors plus qu'aujourd'hui ; il voulut étaler sa conquête ; il me montra aux bons endroits des boulevards, et partout où il convient qu'un gentilhomme fasse voir sa maîtresse.

« Je menai dès lors une de ces vies désordonnées telles que nous seules en avons, et qui d'ordinaire épuisent le corps et l'âme en quelques années, quand ce n'est pas plus tôt. On m'avait forcée au scandale, j'en fis à forfait, et je me fais gloire d'avoir contribué pour beaucoup à la ruine d'une série de vauriens de tout âge qui se précipitaient sur moi comme les chiens sur la biche haletante.

XII

« Je n'étais donc plus qu'une jolie levrette qu'on faisait sauter au bruit des verres et des écus. Au bout de quinze ou seize mois, je devins la propriété d'un nouveau maître, et ainsi de suite pendant six ans. Cependant je ne me fis jamais bien à cette vie dévergondée de travail et de plaisir, et bien souvent, en pleine orgie, je m'arrêtai le verre en main sous le coup d'un souvenir ou d'un pressentiment.

« Comme un éclair, mon enfance reparaissait devant moi, et mon père et ma mère, et ma maisonnette et mon village ; je revoyais la mer qui écumait, les bateaux qui rentraient, les filets qu'on suspendait aux arbres. Que tout cela était beau, et que j'étais pure alors ! Et l'avenir, quel serait-t-il ? Une série de jours sans soleil et de nuits sans sommeil, quelque chose d'obscur et de ténébreux, une longue avenue noire au bout de laquelle je voyais la misère livide, la vieillesse grelottante, la mort inconsolée et la tombe, hélas ! de tous abandonnée ! Cette pensée-là me faisait frémir, et vite je la secouais ; je rentrais dans l'orgie avec plus d'emportement ! Oh ! si nous ne chassions pas ces visions et ces remords d'un moment, nous mourrions de désespoir !

« Une fois sur le chemin roide, il est difficile d'en sortir.

« Que j'ai pleuré de fois, mon Dieu, d'avoir à disputer ainsi ma vie aux importunités, aux obsessions, aux brutalités de certains hommes ! On se moque de nous quand nous demandons aux gens de mettre un peu plus de formes dans leurs rapports, et de nous traiter moins injurieusement ; mais, en vérité, rien n'est plus pénible que cette façon cavalière dont on en use avec nous. Combien d'individus que je ne connaissais ni d'Ève ni d'Adam, sortis je ne sais d'où, après m'avoir vue dans un rôle, sont venus hardiment frapper à ma porte et m'insulter jusque chez moi de leurs offres immondes. Il semblerait que nous sommes toujours à vendre, quelque temps qu'il fasse, et que notre logis est un bazar où la marchandise est toujours disponible. On ne se gêne pas avec ces femmes-là, elles sont faites pour le public : voilà ce qu'on dit. »

Pauvre Anna ! elle s'animait en parlant et le feu du cœur lui montait au visage. Certes, depuis un mois, j'avais trouvé en elle assez de douceur, de bonté, de sentiments purs et honnêtes, pour comprendre que cette vie à bâtons rompus qu'elle disait avoir menée, ce n'était pas de gaieté de cœur et le rire aux lèvres qu'elle s'y était lancée, oh non !

Il n'y avait pas en elle cette absence de sens moral, cette bêtise pesante, cette licence et cette trivialité de langage des courtisanes qui font qu'en franchissant leur seuil, on sent son esprit s'engourdir et son cœur se soulever de dégoût. Non, son cœur était pur, son sens droit, sa parole décente : on ne se corrompait pas à son air, on pouvait s'abriter sous son ombre, l'aimer, et la trouver plus pure, plus digne que tant de femmes respectées qui n'ont jamais succombé par la simple raison qu'elles n'eurent jamais à combattre.

Elle cependant, après une pause, avait repris le fil de son histoire :

« Oui, pendant six ans je ne fus qu'un ballot bien orné que quelques hommes se passèrent. Enfin, il y a huit mois, je fis connaissance de celui que tu as vu au bal, M. Bertrandon. Il y a plus de monotonie et d'uniformité dans la vie d'une actrice que dans celle d'une fruitière : aussi, ma liaison avec M. Bertrandon a cela seul de particulier qu'elle aura été la dernière de ma vie de pécheresse. Tu sais ce qui s'est passé au bal du 7 mars : M. Bertrandon voulait m'amener à un souper, je refusai, et lorsqu'après la valse il revint, il me vit danser avec toi, en fut quelque chose comme jaloux, et finit par m'entraîner dans sa voiture. J'étais déjà très-fatiguée et mal portante ; les deux ou trois jours de plaisir quand même qui suivirent augmentèrent mon mal ; avec cela, j'attrapai froid un soir au théâtre, et cette bronchite me reprit. Les affaires de M. Bertrandon allaient assez mal depuis quelque temps, et Madeleine m'a dit, dans les premiers jours de mon alitement, qu'il était parti précipitamment pour la Belgique où sa fortune se trouvait engagée. Du reste, selon la coutume, je n'ai reçu de lui ni lettre, ni avis, ni rien ; ces liaisons cessent comme elles ont commencé, sans secousse et sans surprise. J'en ai donc fini avec M. Bertrandon — heureusement !

« Enfin, le ciel a eu pitié de moi en t'envoyant pour me guérir, pauvre cher enfant, et faire revivre dans mon cœur l'espoir et le bonheur, que je ne connaissais plus depuis que j'avais quitté mon village, au bord de la mer. »

Ce triste et douloureux récit, souvent interrompu par des soupirs et des larmes, me remua profondément. Je me levai et marchai quelque temps dans la chambre, sans prononcer une parole, le cœur indigné. Puis, jetant les yeux sur Anna, je la vis si blanche et si résignée, me regarder avec tant d'amour, que je me laissai tomber à ses pieds, en la pressant dans mes bras :

— Pardonne-moi ma curiosité, pauvre Anna chérie, car maintenant que je sais combien tu as souffert et combien tu es bonne, je te promets de faire tout pour chasser ces mauvais souvenirs, et te rendre la vie heureuse. Oh ! tu verras comme je t'aimerai, comme j'aurai soin de toi, comme je serai fort pour te défendre si l'on veut encore te persécuter. Je t'aimerai comme une mère, et toi, tu m'aimeras comme ton enfant, dis, veux-tu, mon Anna ?

Elle se leva à ces mots et fixa sur moi son regard clair et profond : son visage rayonnait et elle me tenait les mains contre son cœur :

— Si je veux t'aimer comme mon enfant, tu me le demandes ! être ta mère ! mais ce serait pour moi la félicité suprême, Ingenio, le pardon de mes fautes et la réhabilitation de ma vie ! Oh ! depuis bien longtemps, vois-tu, je demandais au ciel cette grâce de m'envoyer un enfant dont le jeune amour me consolât et me purifiât ! un enfant, et j'étais au niveau de la plus pure des femmes ! Oui, souvent sur la scène, j'ai eu de ces accès d'exaltation nerveuse qui me faisaient frissonner de la tête aux pieds : je pensais que dans cette salle il y avait peut-être quelqu'un au cœur pur et vierge encore dont l'âme s'éveillerait à ma voix, qui m'aimerait et rajeunirait mon cœur en lui communiquant un reflet de son innocence ! Ce sont ces fictions qui m'ont valu mes plus brillants triomphes : ces soirs-là, on disait que j'étais en voix. Mais aujourd'hui je suis exaucée et mon rêve s'est réalisé ! Oui, c'est bien toi que je devinais déjà, toi qui m'as guérie, toi qui m'as sauvée, et qui seras mon enfant, mon cher et bel enfant !

Sur son cœur enflammé Anna me pressa : elle tremblait et ses lèvres frémissaient ardentes en m'embrassant. Ce fut une délirante étreinte où tous les sentiments confondirent leurs notes, où il y avait de la sainte et de la courtisane, de la mère et de la maîtresse, crise violente, profonde, infinie, d'où sortirent le plus pur amour et la plus belle nature de femme que le Créateur ait bénis.

— Quoi qu'il arrive maintenant, Ingenio, dit-elle après un long silence, je veux être et serai, dès ce jour, digne de ce nom de mère que tu me donnes. Je ne veux plus de cette vie d'intrigues qui me fait horreur, plus de ces hommes insipides, sans cœur et sans âme, que j'ai subis jusqu'ici ; non, je n'appartiendrai plus qu'à toi, et je t'aimerai d'un amour si sacré que je forcerai bien les hommes à le respecter.

De longues heures s'étaient écoulées depuis qu'elle avait commencé son récit : le jour faisait place à la nuit, la pendule sonna sept heures. Delphine vint dire que la table était servie, et Anna, me prenant par le bras, me conduisit dans la pièce voisine où deux couverts étaient mis. Notre dîner en tête-à-tête fut d'une gaieté douce : le souvenir des douleurs passées s'effaça devant la plénitude du bonheur présent. Nous étions en face l'un de l'autre : nous nous touchions, nous nous aimions. Moi qui jusqu'alors avais vécu seul comme un pèlerin sur la route, qui n'avais connu la femme que par les romans et l'amour que par ses angoisses, je me taisais devant un si soudain et si complet bonheur, et je contemplais amoureusement Anna dont la beauté rayonnait. Par moments, je me prenais à douter de la réalité, je croyais au prodige; je disais : « O mon Dieu, si tout cela n'était qu'un songe, et si tout allait s'évanouir. » Mais Anna était à côté de moi toute joie et tout amour. Elle voulait me servir elle-même, me forçait à manger, m'appelant toujours son enfant; enfin, me faisait mille caresses, et, ravi par tant de grâce et de charmante douceur, je faisais tout ce qu'elle voulait.

Après le dîner, nous allâmes nous promener aux Champs-Élysées. Nous ne suivîmes pas les allées tapageuses; nous laissâmes le bruit aux infortunés qui en ont besoin pour s'étourdir ; nous nous enfonçâmes dans les petites allées solitaires. Là, tout en cheminant doucement, les têtes penchées l'une vers l'autre, à voix basse nous faisions de charmants projets qui nous promettaient une longue félicité. Puis, nous nous assîmes sous un bosquet, car Anna se sentait un peu lasse :

— Qu'il fait bon ce soir, dit-elle.

En effet, une brise légère courait dans les petits arbres et rafraîchissait l'air; la lune se levait ronde dans le ciel et les étoiles brillaient.

Nous causâmes longtemps sous le regard de la lune, au souffle de la brise murmurante. Ce que nous dîmes, les amoureux de vingt ans le disent tous les jours à tous les points de la terre dans la même langue harmonieuse. Douces rêveries, soupirs et paroles, regards énivrés, battements de cœur, tout parlait en nous, tout aimait, tout adorait!

Un sot couple de bourgeois fit évanouir le rêve. Ils étaient mari et femme, épiciers tous deux : ils se mirent assez près de nous et entamèrent une discussion sur le débit du jour. Comme des oiseaux effarouchés, nous quittâmes le bosquet, et, prenant la rue Royale et ensuite les boulevards, nous rentrâmes. Anna, après avoir changé de costume, se mit au piano et joua une mélodie de Schubert; debout à un angle de l'instrument, je regardais ses doigts légers courir sur le clavier, et sous l'impression de cette vague musique, de mes propres émotions, de son récit du matin, à la lumière blanche des bougies qui faisait ressortir la pâleur naturelle de son front encadré dans les boucles noires de sa chevelure, je croyais voir en elle une élégie vivante. Des larmes d'attendrissement mouillèrent mes paupières; elle ne les vit pas, car en ce moment elle subissait une émotion semblable! Ses yeux, qui avaient d'abord suivi les mouvements de ses doigts, se levèrent, et, la tête un peu renversée en arrière, elle sembla suivre dans l'espace une image aérienne. Je quittai tout à coup ma place et, prenant sa tête à deux mains, je déposai sur son front un baiser brûlant. Elle croisa ses bras sur mon dos, et, m'étreignant contre son cœur, avec un doux rire, le regard chargé de tendresse et de langueur, elle me rendit mille baisers pour un :

« Que tu es beau! que je t'aime, oh! que je t'aime, me disait-elle, et toi, m'aimes-tu bien, dis, petit garçon, m'aimes-tu bien? »

Je lui répondais « oui », et j'embrassais ses cheveux.

Sous mes baisers et sous mes caresses, les boucles soyeuses se défirent et roulèrent sur son cou.

« Anna, que tu es belle! m'écriai-je, en la voyant ainsi, ô mon Anna! »

Minuit sonna à la pendule. Je me jetai dans les bras de ma chère maman, et les heures s'écoulèrent rapides dans le ciel. . . . .

Le soleil, en pénétrant dans la chambre le lendemain, nous surprit la tête sur l'oreiller, l'un contre l'autre, et gazouillant le plus follement du monde.

— Il faut te lever, me dit-elle quand il fut neuf heures.

— Déjà !

— Oui, car tu sais que ce soir je reparaîtrai au théâtre dans le *Domino Noir*, et il y aura répétition dans la journée. Tu m'accompagneras à la représentation, et je veux que tu y assistes : ta présence dans la salle m'excitera et tu pourras venir me féliciter pendant les entr'actes. En attendant, j'ai besoin de rester seule quelques heures pour étudier ; va donc faire un tour et prendre l'air sur les boulevards : cela te fera du bien. Tu reviendras dans deux heures, si tu veux.

Je savais tout cela déjà. Sous son regard je m'habillai et, l'embrassant sur les yeux, je me disposai à sortir. Mais ce n'était pas si facile : on aime à rester où l'on se trouve bien, et, la porte à peine ouverte, je revins sur mes pas pour la revoir encore. Elle se mit à rire en me présentant ses lèvres : je les baisai trois fois et ne me décidai à partir que sur un ordre formel.

J'allai dans les rues sans direction, ne pensant guère qu'aux scènes de la nuit et à l'adorable créature qui me plongeait dans cette ivresse. Je ne touchâis pas la terre et ne voyais pas les passants : en vérité, j'étais en plein ciel. Cependant, à la hauteur de la rue Montmartre, je jetai les yeux sur les affiches qu'on venait de poser ; celle de l'Opéra-Comique portait bien le *Domino Noir*, avec cette mention en tête : *Mademoiselle Anna Bertani rentrera dans le rôle d'Angèle.*

Je relus plusieurs fois cette ligne, et quand je continuai ma course, une révolution s'était faite dans mes idées. Je pensai à ce que m'avait raconté Anna sur le théâtre et ses ennuis de toutes sortes. Depuis un mois, notre tête-à-tête n'avait guère été troublé que par les visites de quelques amies et de deux ou trois employés du théâtre; des cartes avaient été déposées, mais tout cela ne nous avait pas dérangés. Maintenant, cette vie intime allait faire place à une autre, et je prévoyais bien que, quels que fussent l'humeur d'Anna, son désir de m'être fidèle et attachée, sa vaillance à résister, elle allait être la cause innocente de mes tourments. Tant qu'on vit au milieu des hommes, il faut les craindre, et je les craignais beaucoup. En effet, comme elle me l'avait dit, tous ces hommes qui l'avaient si parfaitement oubliée pendant sa maladie, et qui n'auraient plus pensé à elle si elle y avait succombé, ne manqueraient pas de revenir plus empressés que jamais autour de la belle chanteuse par d'autres mains guérie.

Tout allant pour le mieux, elle ne pourrait guère me donner maintenant que quelques heures de sa journée.

XIII

Le soir venu, nous allâmes ensemble au théâtre. Je restai avec elle dans sa loge jusqu'à l'ouverture du *Domino Noir,* et j'assistai à sa métamorphose en actrice. Je connaissais déjà depuis longtemps le maquillage et sa nécessité; néanmoins, je souffris beaucoup de voir Anna forcée de recourir à ces tristes subterfuges, et se présenter au public avec une figure de composition, quand la sienne était si belle ! L'idée qu'elle allait bientôt se montrer au public m'inquiétait aussi considérablement : je n'allais plus être qu'une petite unité inaperçue dans le nombre des curieux, et n'est-il pas poignant, en vérité, de voir la femme qu'on voudrait cacher à tous les yeux et garder pour soi uniquement, venir se soumettre à tant de regards avides, à tant de concupiscences !

Le rôle d'Angèle surtout prêtait à des illusions féeriques, et, quoique j'eusse déjà admiré Anna dans son domino, quand, de l'orchestre où je m'étais placé, je la vis entrer en scène, grâce aux jeux de la lumière sur son visage et sur son costume, je fus sur le point d'éprouver une fascination pareille à celle du 23 janvier, cette date mémorable. Ce n'était plus Anna, mais c'était bien Angèle l'Espagnole, une beauté fulgurante comme il en faut au théâtre pour plaire à cette bête grossière à mille têtes, dite l'omnipotent public.

Elle produisit un immense effet : des applaudissements éclatèrent de toutes parts à son entrée; plusieurs bouquets vinrent tomber à ses pieds. Autour de moi, mes voisins disaient : « Elle est charmante, cette femme! » A ce chaleureux accueil Anna répondit par de petits saluts répétés et, parcourant du regard l'orchestre et les galeries, elle sourit aux bravos.

Pendant tout le temps que cela dura — et il me sembla que ce temps était fort long — elle ne parut pas songer à moi. L'actrice avait repris le dessus : je le sentis. Aussi, au lieu d'être fier et heureux de cette ovation, j'en éprouvai une sorte de dépit, il me semblait que la salle m'enlevait mon bien. Quelques propos malsonnants proférés à un fauteuil prochain changèrent le dépit en colère et me rendirent blême. Les bras croisés avec force contre la poitrine, je regardais Anna de tous mes yeux, et je disais :

« Ne va-t-elle pas jeter un regard sur moi? »

Mon vœu ne fut pas entendu. Je compris qu'en certains moments, je ne serais rien pour elle et j'en conçus une horrible tristesse. Enfin, le calme s'établit et la musique commença. Elle voulut bien alors me chercher du regard, et, m'ayant aperçu, eut un sourire imperceptible pour tout autre. Je lui en sus un gré infini et me sentis rassuré de son côté. Mais la persistance des lorgnettes à converger sur elle avec un accompagnement de réflexions irrévérencieuses troublait mon bonheur et me faisait damner. Un gandin, à côté de moi, contait à son terne compagnon quelques traits de la vie d'Anna : j'aurais voulu le souffleter. Il parlait de je ne sais quel souper où sa personnalité tenait une grande place, et dans lequel se trouvaient mêlées Anna et plusieurs femmes à la mode. J'éprouvais enfin un vrai supplice de mari trompé ou d'amant trahi avec quelque chose de plus amer et de plus irritant encore, puisque mon amour était profané devant moi sans que j'y pusse rien faire.

« Oh ! quelle dérision dans les bouquets et quelle ironie dans les bravos ! et c'est cette femme ainsi percée à jour, connue et scrutée de tous que je veux aimer dans le secret et adorer comme une pure madone ! Il faudra donc faire deux parts dans mon cœur : l'une pour aimer et l'autre pour souffrir de l'amour ; deux parts dans ma vie : l'une où je la posséderai, l'autre où elle appartiendra au prochain ! Est-ce possible, cela? Non, je ne puis m'y résoudre ; je l'aurai tout entière, ou je ne l'aurai pas du tout. »

Je me parlais ainsi pendant que la musique jouait et qu'Anna chantait. Oh ! qu'elle chantait bien ce beau rôle d'Angèle et qu'elle justifiait l'admiration de la foule enthousiaste ! Certes, dans cette vaste salle, au milieu de tous ces hommes et de toutes ces femmes qui se penchaient pour l'écouter, c'était bien elle la première et la plus belle ! Sa voix s'élevait avec une émotion profonde et pénétrante, et elle dit l'air du « Bon Ange » avec un tel accent de tendresse que tous en furent émerveillés.

Quand le rideau descendit, je partis comme un éclair et volai à sa loge. Je croyais que j'allais la trouver seule et que je pourrais lui raconter toutes mes impressions. Vain espoir ! elle n'y était point ! Je courus au foyer des artistes : j'eus de la peine à la découvrir dans le groupe qui l'environnait et la pressait. Elle était dans son costume noir, sa rose dans les cheveux, son même sourire sur les lèvres, et parlait et écoutait. Je m'approchai du groupe : il y avait là des agents de change, des journalistes, des gandins, etc. Ils lui demandaient des nouvelles de sa santé, s'enquéraient tendrement de sa maladie et reprenaient en chœur :

« Elle est charmante ! »

J'entendais tout cela et j'entendais aussi les réponses d'Anna. Il y avait bien des nuances confondues dans son langage : ironie piquante, douceur railleuse, modestie feinte, reparties parfois mordantes, tout était bien mêlé et doré; elle était dans le ton et jouait bien la comédie. Dans la salle, mille spectateurs la lorgnaient ; dans le foyer, vingt habitués la bêtifiaient; et je me disais qu'il faut qu'une femme ait un esprit bien solidement établi pour ne pas le perdre après dix causeries de cette sorte. Cependant je restai muet et immobile. Peu à peu, le groupe s'éclaircit : il y avait d'autres actrices dans le théâtre. Anna manifesta l'intention de rentrer dans sa loge ; un des courtisans voulut l'y accompagner, et, avant de se diriger vers la porte, il lui fit faire le tour du foyer. Je m'embusquai en un coin obscur, et, un froid horrible dans les os, les tempes serrées, les yeux fixes, je les examinai. Le monsieur était tout sourire. Anna assez froide.

Quand ils passèrent devant moi, le cavalier disait :

— Pourquoi ne veux-tu pas ?

— Monsieur, répondit Anna, je vous le répète, je ne puis ni ne veux être votre maîtresse. Cette vie-là a assez duré ; j'ai failli deux fois en mourir cet hiver, et quoique ma peau ne vaille pas grand' chose, j'y tiens trop pour la risquer une troisième fois, même pour vous plaire.

Ils prirent la porte. Arrivés à la loge, l'habitué insista pour entrer :

— Je ne le veux pas, dit Anna avec fermeté.

— Tu attends quelqu'un ?

— C'est possible.

— En ce cas, à revoir, fit le cavalier qui lui serra les doigts et lui envoya un salut de la main pendant qu'elle refermait la porte.

Une seconde après, j'étais dans la loge. A peine entré, Anna se jeta à mon cou et me dit :

— Eh bien ! es-tu content de moi ?

Je restai un moment sans répondre ; puis, prenant sa main, j'y appuyai mon front brûlant et dis :

— O Anna, j'ai été bien malheureux !

— Et pourquoi donc ?

— Pour tout ; pardonne-moi, j'ai le caractère mal fait et je souffre d'un rien. Du commencement à la fin, j'ai éprouvé un supplice continuel. Les applaudissements, les lorgnettes, les réflexions de chacun, ta présence sur la scène, tout, tout m'a fait mal.

— Qu'est-ce que tu veux dire ? parle mieux, je ne te comprends pas.

— Je veux dire que je ne retournerai pas à ma stalle, et que je resterai ici pendant que tu seras sur la scène ; ici, au moins, je serai chez toi. Oh ! vois-tu, ma chérie, je t'aime trop pour te partager, même par la pensée, avec tout ce monde. Je t'aimerai derrière la toile, mais pas devant.

J'étais dans un trouble étrange qui me faisait dire des choses ridicules, mais je ne disais pas ce qui m'avait le plus cruellement frappé, les discours de monsieur l'habitué.

— Mais, mon cher enfant, reprit Anna, qu'est-ce qu'on a donc fait, qu'est-ce qu'on a dit pour te mettre dans cet état ?

— On a dit des sottises, des misères, des riens, si tu veux, mais que je ne veux plus entendre, car cela me brise. Tiens, mon Anna, quittons ce théâtre et tout ce monde ; allons-nous-en vivre seuls et heureux dans quelque coin de la terre. Sois une femme, enfin, dans les mêmes conditions que les autres, ne sois pas publique, et que ce personnage ne te parle plus jamais !

A ces mots, Anna se recula tout étonnée :

— Quel personnage ?

— Celui de tout à l'heure.

— Mais comment sais-tu....

— J'ai tout entendu.

— Tu m'as donc espionnée ? Déjà !

J'étais accablé. Anna, la fière créature, reprit avec quelque hauteur :

— J'attendais mieux de toi, et si c'est ainsi que tu y vas, pour notre bonheur à tous deux, et pendant qu'il en est temps encore, rompons dès à présent et ne poursuivons plus un amour impossible. Tu es trop jaloux !

Cette parole me terrifia. Je tombai à genoux : « Oh ! pardon ! pardon ! »

Je n'en pus dire davantage ; les sanglots étranglaient ma voix ; mes bras serraient étroitement sa taille, ma poitrine la frappait à coups précipités, et je cachais ma tête dans son sein.

Sa colère ne tint pas devant une si profonde désolation. Elle me releva, noua ses bras tremblants à mon cou et appuya sa tête contre mon épaule : je sentis couler ses larmes silencieuses.

Nous restâmes ainsi quelque temps sans prononcer une parole, le cœur débordant d'amour et de douleur :

— Oh ! je suis bien malheureuse, Ingenio, moi aussi ; je n'ai que toi au monde, et si tu doutes déjà de moi, que deviendrai-je ?

— Je ne doute pas de toi, Anna ; je souffre de te voir ainsi livrée à tous ces êtres sans cœur. Mais puisque cela te fait tant de peine, je m'y habituerai et n'en parlerai plus. Embrasse-moi pour me pardonner, je t'en supplie.

Ses baisers me donnèrent le pardon.

Quelques minutes après, Anna, sur le théâtre, devant son public idolâtre, chantait la joyeuse chanson aragonaise en s'accompagnant de castagnettes. Les bravos éclataient au milieu des applaudissements. Oh ! comme il l'aurait bien autrement applaudie, ce public, comme il l'aurait admirée, s'il avait été témoin de la scène qui venait de se passer; s'il avait vu son cœur qui saignait pendant que ses lèvres chantaient en souriant!

Le spectacle fini, nous sortîmes : Anna, avec ses bouquets, moi, avec mes tristesses. J'aurais tout donné pour n'avoir pas été à cette représentation, et cependant, en même temps, par une contradiction bizarre, j'étais content d'y être allé. Les craintes que j'avais conçues le matin n'étaient que trop fondées : l'amour tranquille ne pouvait guère exister pour moi. Anna devait songer de même, car son front était soucieux : en effet, qui pouvait mieux qu'elle savoir à quoi elle était exposée ?

Nous arrivâmes chez elle. Elle entra dans son cabinet de toilette pour mettre un deshabillé de nuit. Les bouquets étaient déposés sur une table. Tout en les flairant, je les examinai. Ils n'étaient pas tous vides : l'un contenait une épître en vers ; un autre une épître en prose ; un troisième, une photographie avec un billet.

Anna revint :

— Tiens, lui dis-je, dépouille ta correspondance.

Elle prit les lettres et regarda la photographie : puis, le tout fut jeté au feu. Pour la photographie, c'était bien fait ; mais les lettres pouvaient être sincères.

Pauvres jeunes amoureux naïfs, qui écrivez des lettres passionnées, c'est ordinairement le sort qui vous attend, heureux encore si la dame ne prend pas votre prose ou vos vers pour les commenter et en rire avec son compagnon de nuit !

— Depuis six ans, j'en ai reçu quelques centaines, dit Anna, et j'en suis quitte pour recommencer la même opération, chaque fois, quand je rentre.

Elle se jeta dans un fauteuil et réfléchit quelque temps sans dire un mot. Puis, m'attirant à elle :

— Tu m'aimes bien, dit-elle en me caressant les cheveux.

— Oui.

— Pourquoi as-tu été si méchant ce soir ?

— Tu m'as pardonné.

— C'est vrai, mais à la condition que tu ne recommenceras plus. Voyons, que crains-tu? ne t'ai-je pas dit que je n'aimais que toi, et que je t'appartenais tout entière, ne le sais-tu pas ?

— Si.

— De quoi as-tu peur alors ?

Je pris un des bouquets au milieu duquel était une belle rose blanche, et, montrant cette rose à Anna, je lui répondis :

— De quoi j'ai peur ? Tiens, tu vois bien cette petite rose, je l'aime beaucoup, et si je voyais un colimaçon s'en approcher, aurais-je tort de vouloir l'écraser ?

— Non.

— Eh bien ! tu es ma petite rose blanche, et je ne veux pas que les colimaçons viennent autour de toi.

Elle se mit à rire :

— Quelle comparaison ?

— Elle est juste.

— Tu es un petit sot.

Alors j'éloignai ma chaise et ne dis plus rien.

— Ingenio ! fit-elle.

Je ne répondis rien.

— Tu boudes ; eh bien ! attends !

Elle se leva et vint s'asseoir sur mes genoux, rieuse :

— Mon petit enfant !

— Ma petite mère !

— Embrassons-nous.

Ainsi fut-il fait. Je la pris contre moi, et, lui frappant la joue à petits coups avec un œillet.

— Quand tu ne seras pas sage, je te battrai.

— Il n'y a pas de danger !

— A grands coups d'œillet.

— Je cacherai mes bouquets.

— Où?

— Dans mon corset.

— Je le déferai.

Aussitôt elle prit l'œillet et le mit dans son corset.

Bien. Je dégrafai le corset, quoiqu'elle se débattît, et nous nous mîmes à rire de bon cœur, comme deux fous.

Plus que toute autre chose, j'aime à me rappeler ces doux enfantillages où notre amour se complaisait, et qui, à cette heure triste où ma plume écrit, dilatent mon cœur souffrant, en chassent les douleurs, et pour un moment le font revivre dans les jours heureux du passé.

XVI

En terminant cette première partie de ma narration et avant de commencer la seconde, la plus dramatique et aussi la plus douloureuse, je veux un instant m'arrêter et faire un retour sur moi-même, comme le prêtre qui, avant de pénétrer dans les enceintes successives d'un temple, s'agenouille devant chacune d'elles et fait une oraison.

« Quand tu me verras parler avec d'autres hommes, tu te trouveras bien triste et bien malheureux ! »

Ainsi m'avait parlé Anna, quelques jours avant sa rentrée ; je me souvins de ces paroles, le lendemain, en me trouvant seul vers le milieu de la journée. Certes, elle ne s'était pas trompée : j'étais jaloux, et très-jaloux, ce qui allait de soi, d'ailleurs, puisque j'étais très-passionnément épris. Jaloux ! je l'étais déjà en la soignant.

Un jour, en effet — c'était vers le milieu d'avril — elle venait de quitter le lit, elle reçut la visite d'un jeune homme, originaire de Corse, je crois, et qu'elle avait connu l'année précédente. Ce jeune homme, dont la figure était régulière, belle et fort expressive, avait, en outre, une grande distinction de manières : il paraissait triste. Il dit à Anna, avec un léger accent italien qui donnait du piquant à sa conversation, qu'il regrettait beaucoup de n'avoir pas été à Paris pendant qu'elle était malade, parce qu'il se serait empressé de venir lui tenir compagnie, au moins quelques heures par jour pour la consoler.

« Je n'ai pas été bien heureux, non plus, » ajouta-t-il, et il raconta qu'à Palerme, d'où il venait, sa maîtresse l'avait trahi. C'était une histoire très-attachante et qui ne pouvait que lui attirer des sympathies.

Je m'aperçus qu'Anna l'écoutait avec intérêt et même lui souriait. Ce sourire me fit une impression pénible et me rendit odieux le jeune Corse ; non pas que j'appréhendasse en lui un rival ; je n'avais pas de ces inquiétudes ; mais je l'envisageais comme un intrus qui, fort mal à propos, tentait d'approcher ses lèvres de la coupe d'amour qui n'appartenait qu'à moi seul. Du moins, je le pensais ainsi; le mendiant qui a trouvé une bourse d'or l'embrasse avec transport et avec elle se sauve dans une retraite écartée où, pendant de longues heures, il la contemple avec délices; il compte lentement les pièces d'or, et au moindre bruit du vent dans les feuilles, il tremble, se retourne et cache son trésor. Anna était le trésor que j'avais trouvé tout à coup, miraculeusement, sur mon chemin désert; sa chambre de malade, c'était la retraite obscure où un rayon d'amour avait coulé sur moi, pur et sans mélange comme le miel attique. Je n'avais qu'elle au monde et je tenais à elle plus qu'à la lumière du jour; je me réchauffais à son regard mieux qu'au soleil d'été; aussi, il ne faut pas s'étonner si je prenais tant d'ombrage d'un simple sourire donné à un jeune Corse qui lui parlait d'amour en lui parlant de sa maîtresse infidèle! Mais fort heureusement la visite cessa, et comme le jeune homme ne revint pas et qu'Anna évita de m'en dire un seul mot, je ne songeai bientôt plus ni à lui ni aux susceptibilités que sa présence avait éveillées.

Hors de cette visite, pendant la maladie et la convalescence d'Anna, j'étais resté avec elle dans un tête-à-tête à peine interrompu chaque jour par une absence de quelques heures. Je m'étais trouvé heureux de la soigner dans cette chambre silencieuse où aucun visage importun ne se montrait, et maintes fois pendant son sommeil, j'avais fait le rêve des amoureux novices qui vont cacher leur amour dans une vallée arrosée par un cours d'eau, buvant du laitage et s'aimant sans ombre de jalousie.

L'entr'acte du Domino noir me réveilla brusquement de ce rêve. L'image de cet homme qui rappelait à ma maîtresse tant de souvenirs en lui parlant de sa fortune et de son amour, restait suspendue devant mes yeux comme une statue pétrifiante; son souvenir ne me quittait pas, et, comme le criminel, j'avais beau passer ma main sur mon front pour en éloigner son ombre malfaisante, toujours elle s'y attachait. Il m'apparaissait comme le Tentateur, avec son sourire léger, ses discours équivoques, ses allures sournoises, et tout ce genre alambiqué qui lui était particulier. Je haïssais tout en lui, mais rien tant que le sans-façon de son langage.

« Veux-tu?... pourquoi ne veux-tu pas? » disait-il à Anna, et il insistait. Sans aucun doute, ils se connaissaient déjà d'assez longue date, et, à défaut de toute autre cause, le lieu frivole où ils se trouvaient autorisait peut-être son ton cavalier. Mais plus j'avais placé haut Anna et dans mon amour et dans mon estime, plus elle me semblait digne d'être respectée, plus je souffrais cruellement de la sentir par d'autres méprisée. A ce moment, les dires de mon voisin de l'orchestre me revinrent en mémoire. Anna m'avait bien confessé elle-même qu'elle avait longtemps couru les fêtes de jour et de nuit en compagnie de femmes très-connues, mais le récit de ces orgies fait en riant par des étrangers m'avait exaspéré, et — il faut l'avouer — m'avait mis le rouge au visage. J'aurais voulu entièrement oublier ce passé funeste, mais comment l'oublier si, à chaque instant, on me le rappelait ; si, par une nécessité désolante de son métier, Anna devait encore en subir les traditions?

Comme une dernière dérision du sort, on reprit quelques jours après au théâtre une sorte d'opéra en plusieurs tableaux qui donnaient prétexte à des changements de costumes multipliés. Anna remplissait le principal rôle et menait toute la pièce. A chaque tableau, elle apparaissait avec un costume nouveau, et, à l'un d'eux notamment, en page.

Je n'ai jamais été si humilié, si irrité, si indigné, qu'à cette occasion. J'envoyais le théâtre à tous les diables, et je maudissais l'auteur de cette ridicule machine. Quand je voyais Anna faire disparaître sa belle chevelure sous une perruque blonde, revêtir une casaque serrée à la taille, emmaillotter ses jambes dans une culotte serrée, porter l'épée au côté et un petit chaperon à panache sur la tête, je damnais les saints et j'avais horreur des hommes qui outrageaient ainsi le bon Dieu dans son chef-d'œuvre.

Le bon peuple applaudissait cependant et trouvait le coup d'œil charmant !

En vérité, une courtisane peut avoir de la pudeur, une actrice ne le peut pas !

Aussi, un soir, en rentrant chez elle, je lui déclarai que je ne la suivrais plus jamais à son théâtre.

— Pourquoi cela ? me demanda-t-elle toute surprise.

— Je n'aime pas à te voir costumée en page, répondis-je le plus tranquillement que je pus.

Elle baissa la tête et ne répondit pas. Mais, au bout de quelques moments, elle se détourna en faisant feinte de chercher quelque chose ; je vis deux larmes briller dans ses yeux :

— Pourquoi ces pleurs? lui demandai-je en lui tenant les mains.

— Tu commences déjà à ne plus m'aimer, répondit-elle.

— Au contraire ; c'est parce que je t'aime trop que je ne puis te voir ainsi attifée. J'aime Anna, je n'aime pas le page.

Elle sourit :

— Qu'importe le costume, puisqu'il le faut ?

— Anna, répondis-je, j'aime en toi une créature bonne, charmante, digne de tout amour ; j'ai pour toi plus de respect que pour une sainte, et lorsque tes yeux se fixent sur moi, comme à présent, limpides et souriants, je me sens une joie indicible : mais, le page, ce n'est plus cela !

— Comment ! fit-elle, tout le monde m'a félicitée ; on m'a trouvée ravissante, on m'a fait mille compliments et je croyais que tu serais heureux de me voir ainsi faite : n'étais-je donc pas belle ?

— Trop belle, Anna, et c'est justement parce que tout le monde t'a félicitée et complimentée que je me tais. Tous ces hommes, le sens-tu, vont chercher au théâtre un délassement et un plaisir. Or, tu es faite à ravir ; tu as les pieds petits et les mains mignonnes, la figure un peu fière et le buste bien dessiné ; tu portes bien l'épée et le plumet ; tu marches avec aisance, tu fais de beaux saluts et de plus beaux sourires ; cela chatouille agréablement leurs sens. Ils t'ont fait des compliments ! Si tu les as compris, Anna, tu en as rougi, et moi aussi, j'ai rougi, car ces compliments sont injurieux et ces félicitations indécentes.

Je parlais doucement, mais avec tristesse. Elle répondit :

— Tu n'es donc pas comme les autres, M. V..... qui avant toi est le seul qui ait eu un peu d'affection pour moi, aimait beaucoup à me voir jouer en page.

— Cela prouve qu'il ne t'aimait pas, Anna, car on respecte la femme qu'on aime, et on souffre de la voir travestie en homme devant toute une salle qui applaudit en souriant. Non, mon Anna, moi, je t'aime, vois-tu, et je suis le seul qui t'aime, crois-le bien, car si quelqu'un t'avait aimée avant moi, il t'aurait dit ce que je te dis en ce moment.

— Mais, reprit-elle, qu'a donc ce costume de plus flétrissant qu'un autre : est ce que tu ne m'aimes pas non plus en magicienne?

— J'aimerais certainement mieux que tu n'eusses jamais d'autre costume que celui que tu portes actuellement? mais, du moins, puisque ton métier te force à en prendre d'autres, lorsque tu portes des habits de femme, je ne dis rien ; mais ce qui me cause de la peine, c'est que tu t'habilles en homme, en page, dans le costume le plus propre à réjouir la foule des spectateurs, dont le plaisir ne s'achète jamais qu'aux dépens de la dignité de l'actrice, et moi, je ne veux pas que tu sois abaissée!

Elle se taisait.

— Comprends-tu, repris-je plus fortement, car j'avais compris que huit années du métier avaient émoussé en elle le sixième sens, ce sens du respect de soi-même que la femme surtout doit toujours avoir ; comprends-tu que c'est une spéculation de ton directeur d'aller te jeter ainsi costumée et poudrée sous le feu plongeant de tous les regards, et qu'il sait bien que tes mollets mis à nu attireront plus sûrement la foule que toute la musique de son compositeur ! Oui, elle était complète tout à l'heure, la foule, et elle le sera longtemps encore, car tes mollets ont fait bon effet, comme un jambon à l'étalage d'un charcutier.

Je me levai, et de long en large j'allai par la chambre.

Anna, confondue de mon langage et de mon exaltation, ne disait rien et regardait tristement la lampe brûler. Une légère rougeur qui avait monté à ses joues à mes derniers mots m'indiquait qu'elle m'avait compris. Enfin, elle dit en relevant les yeux sur moi :

— Que veux-tu que je fasse ? il faut bien que je joue mon rôle.

— Je le sais bien ; aussi, je ne te demande que la permission de t'attendre ici le soir, les jours où tu joueras, ou, si tu le préfères, je ne viendrai qu'à minuit, lorsque tu seras toi-même revenue, car je ne peux pas supporter ce spectacle ; il me fait trop souffrir.

Elle secoua la tête :

— Que de choses déjà, que de précautions ! Enfin, viens à côté de moi et causons.

Je m'assis auprès d'elle, devant un petit feu qui brûlait encore, car la journée avait été humide :

— Je regrette beaucoup de te causer ce chagrin, dit-elle en m'embrassant, mais, tu le vois, mon pauvre enfant, je suis forcée de jouer tous les rôles qu'on m'assigne. J'irai donc seule au théâtre et tu viendras m'attendre ici chaque soir. Il nous restera encore du temps pour causer, rire ensemble et nous aimer. Tu m'aimeras bien, n'est-ce pas ?

— Oui.

— Tu n'auras pas de mauvaise humeur ?

— Jamais.

— Allons, bien, je vais me coucher, car je suis

un peu fatiguée. Delphine va nous apporter le thé : assieds-toi ici, près de mon lit.

Elle se coucha. Tout en prenant le thé, elle me dit mille choses touchantes : « elle était encore un peu souffrante et elle le serait toujours, car les poumons lui semblaient attaqués ; elle avait besoin de beaucoup de ménagement, de soins et de tendresse ; elle savait que sa profession la réduisait quelquefois à de tristes emplois ; elle en avait été humiliée, comme moi, dans les premiers temps, mais elle avait pris le parti de tout supporter ; elle avait soigné son costume de page pour me paraître plus belle, et elle s'était bien trompée ; enfin, elle m'aimait de toute son âme, et si elle me gâtait, c'était son bonheur ; depuis qu'elle me connaissait, elle se sentait tout autre ; son cœur lui battait plus fort ; elle était mieux ; elle espérait en la vie, et, si je voulais bien l'aimer et la consoler, elle me rendrait le plus heureux des hommes. »

Tout cela était entremêlé de sourires, de caresses et de baisers. Elle me prenait les mains et les appliquait sur sa joue, me disait de me lever et de la regarder dans les yeux :

— On m'a toujours dit que j'avais les plus beaux yeux du monde. Est-ce vrai ?

— Oui, répondis-je.

— Alors, embrasse-les. Ne suis-je pas une belle maîtresse ? n'ai-je pas de belles mains blanches et des bras bien ronds ; une épaule fine ; et mes cheveux, comme ils sont noirs et longs, fins et soyeux ! Comme tu seras content tout à l'heure de les presser dans tes mains !

Tu ne veux pas que les autres voient tout cela, et tu as raison, car il faut garder pour soi les bonnes choses ; tout cela t'appartient, et corps et âme je suis à toi ; tu m'as soignée et guérie lorsque tout le monde m'avait oubliée ; pour cela, je t'aimerai toujours, quand même tu me battrais. Tu ne me battras jamais, n'est-ce pas? il ne faut jamais battre sa maîtresse. Sais-tu que tu es bien heureux que je t'aime comme cela, en vraie folle, moi qui avais oublié d'aimer ? Comment as-tu pu rester si longtemps sans avoir de maîtresse ? C'est pourtant bien bon d'en avoir une, et de la porter dans ses bras jusqu'à son lit, et de l'embrasser, et de se coucher à côté d'elle ! Enfant, regarde donc comme je suis belle dans mon lit et comme tu vas être heureux ! Mais prends donc ton thé ! tu n'en as plus ; eh bien ! voici ma tasse ; buvons ensemble ; mets tes lèvres où j'ai mis les miennes. Bien ! viens te coucher maintenant.

Elle babillait comme une folle et laissait tomber ses bras sur le lit ; ses yeux s'emplissaient de langueur, et elle frémissait d'amour comme une tourterelle.

Le dirai-je ? Au lieu de sentir mes veines frissonner à cette brûlante image de la volupté et du désir, et d'étreindre avec fièvre ce beau corps étendu devant moi et prêt à s'enflammer d'amour, je laissai errer mes yeux sur le lit et ma main sur les boucles ondoyantes de la chevelure défaite. Ma pensée inquiète et troublée consultait le passé comme un sphinx moqueur, pour lui demander combien d'autres nuits avaient renfermé de scènes semblables et combien de baisers d'autres hommes avaient prodigués à ces lèvres avides. Cette lampe qui brûlait en ce moment pour moi avait éclairé d'autres visages ; d'autres mains avaient pressé ces cheveux souples ; d'autres amours s'étaient abritées derrière ces rideaux fermés ! Comme moi, ce soir, d'autres hommes, jeunes peut-être, riches et élégants, étaient entrés par cette même porte, s'étaient assis sur cette même chaise devant le feu, et avaient pris le thé dans cette tasse où mes lèvres et les siennes venaient de se toucher. Et pourtant ces hommes ne l'aimaient pas; ils avaient joui en quelques heures de sa beauté; ils avaient épuisé d'un seul coup l'ivresse et le plaisir; puis ils avaient repris leurs manteaux, et on ne savait plus où ils étaient, et le premier venu avait eu cette femme !... Bien plus : ces mots qu'elle me disait, ces mots charmants que sa bouche murmurait avec tant de douceur, elle les avait murmurés à bien d'autres oreilles pendant que la pendule sonnait minuit et que le visage fiévreux de l'amant se penchait sur sa tête parfumée !

« Oh ! mon Dieu, pensais-je, faut-il donc que pour de l'argent, pour quelques pièces d'or ou quelques chiffons, elle ait donné son âme ! Moi qui l'aime de toute la force de mon être, je n'aurai rien de plus, elle ne me donnera rien de plus que ce qu'elle a donné entièrement, pleinement et sans réserve à M. Bertrandon! Rien ne sera changé pour moi, et cette nuit passera aussi vite que se sont passées les autres ! Et cela n'est pas tout ! Elle vient de me dire que, corps et âme, elle m'appartient et n'appartient qu'à moi ; et cependant, trois fois par semaine, que de regards l'enveloppent des pieds à la tête ! Pour moi qu'elle aime, elle chante quand je veux ; mais elle chante aussi, et de sa voix la plus fraîche, pour je ne sais combien de badauds et d'indifférents ! Elle est heureuse que je la trouve belle, mais qu'elle était plus heureuse encore le soir de sa rentrée, quand on l'applaudissait ! avec quels sourires elle répondait, et elle ne se doutait plus que j'étais là ! Elle n'est donc pas à moi tout entière ; une partie d'elle-même m'échappe toujours !

Au milieu de ces vagues pensées, il s'en leva une qui me donna froid. J'étais bien pauvre pour aimer une pareille femme ! pauvre au point de ne pouvoir lui donner ces colifichets, ces mille riens que par simple galanterie on lui avait toujours offerts en souriant. J'étais donc une sorte de parasite d'amour ; je venais prendre les miettes des autres, et je donnais pour excuse et pour prétexte l'amour sincère que j'avais au cœur ! De sorte que la seule différence qu'il pût jamais y avoir entre les amants et l'amoureux était toute à la gloire des premiers !

Cette réflexion était absurde, mais elle me fit rougir :

— Qu'as-tu donc ? dit Anna.

Je portai avec humeur mes mains sur mes yeux en m'accoudant sur la table.

— Mais voyons, reprit-elle, viens donc.

Je restai immobile, les lèvres plissées par un sourire triste. J'éprouvais une sorte de honte devant elle, comme un accablement.

Elle se dressa sur un coude :

— Tu as l'air tout triste ; est-ce que tu souffres?

— Non.

— A quoi penses-tu alors ?

— A rien.

— Est-ce que tu as encore quelque chagrin ?

— Aucun.

— Alors, pourquoi restes-tu là ; ne serais-tu pas mieux avec moi ?

Et elle me passa ses bras autour du cou en souriant, et me dit avec une voix douce et attirante comme le chant des sirènes :

— Mais viens donc, puisque je suis folle de toi ; je suis bien une femme, à présent, et non plus un page! Qu'attends-tu donc?

Pour ne pas lui déplaire, je me déshabillai — lentement, car les pensées qui remplissaient ma tête étouffaient en moi toute ardeur. En me trouvant ainsi seul à seule, au milieu de la nuit, avec la femme jeune et aimée, moi, l'amoureux d'hier, j'avais tout l'air d'un vieux mari se couchant auprès de sa vieille moitié ridée et desséchée. Anna qui m'avait vu ôter ma cravate, s'était rejetée au fond du lit et ne regardait plus. Je m'assis devant la cheminée, comme pour arranger le feu, et plusieurs fois je murmurai ces mots : « Amant d'une actrice, moi, amant d'une actrice ! » Autrefois, ce titre me fascinait comme un diadème royal ; j'aurais donné toutes les vierges pour une femme de théâtre, et c'est pourquoi sans doute la vue d'Anna elle-même m'avait ébloui !

Par un miracle, j'étais devenu l'amant d'une de

ces femmes; par un prodige plus extraordinaire encore, cette femme n'était point vulgaire et elle m'aimait réellement. Triste et malheureux, elle m'avait pris sur son sein et m'avait dit :

— Tu as souffert, moi aussi ; tu n'aimes pas les hommes, je les hais ! associons nos deux cœurs, aime-moi comme une mère ; je te consolerai de tout, je serai tout pour toi, de même que je concentrerai en toi toutes mes affections ; et elle avait serré ses bras sur moi ; elle m'avait baisé au front en laissant couler sur ses joues pâles des larmes d'amour, et elle était belle par le cœur et par le visage !

Je lui avais rendu son étreinte ; mon âme s'était fondue en amour pour elle ; je lui avais dit :

« Sois ma mère, puisque Dieu m'a enlevé l'autre à la naissance ; les baisers qu'elle m'eût donnés, donne-les-moi ; donne-moi son doux sourire que j'ignore, donne-moi sa tendresse, et moi j'aurai pour toi le même respect, la même obéissance que j'aurais eus pour elle ! »

Et comme tous deux nous étions jeunes, libres et ardents, nous avions complété l'amour du cœur par l'amour des sens, et la volupté nous avait enserrés ensemble de ses liens brûlants ! Nous avions palpité sous la même caresse, sous la même étreinte et le même baiser ; nos âmes s'étaient confondues dans l'extase, et, à la même minute, nos yeux s'étaient fermés pour se rouvrir dans la même lumière éblouissante, dans le même épanouissement divin ! Alors, je m'étais senti dans tout l'être une force et une ardeur inconnues ; j'avais trouvé dans elle une beauté et une grâce suprêmes ; dans ses yeux, un feu qui me brûlait ; sur ses lèvres, des voluptés enivrantes, et cette félicité avait été si grande, si infinie, qu'il ne m'avait pas semblé que d'autres pussent en jouir. Et voilà que ce soir, je voyais qu'avant moi d'autres l'avaient éprouvée, et qu'au lieu d'être l'unité, je n'étais qu'un chiffre. La déesse qui m'avait admis dans sa couche et que j'idolâtrais, un butor osait la tutoyer, et son corps, que je voulais garder pour moi seul, des milliers d'hommes s'en repaissaient, en faisaient l'estimation et en riaient !

O miséricorde du ciel ! faudra-t-il donc supporter cet affront ! faudra-t-il laisser insulter et traîner dans la boue le seul être que j'aime ! Qu'ai-je dit tout à l'heure ? je ne l'accompagnerai plus au théâtre ! Ceci, mon cher ami, est une lâcheté ; tu as eu honte d'elle, et, pour cela, tu es infâme ! C'est à toi de la relever, de la racheter, de l'arracher au démon, et si tu ne le peux, au lieu de chercher à la faire rougir de son malheur, ah ! prends-la contre ton cœur et verse sur elle toutes les consolations de l'amour !

Je me levai tremblant de ma chaise, car l'exaltation me troublait et m'avait complétement transformé. Pâle avec des yeux ardents, je contemplai la tête d'Anna souriante dans un demi-sommeil : « Eh quoi ! me dis-je, absorbé dans cette contemplation qui me ravissait ; eh quoi ! voilà celle que les hommes et les femmes aussi appellent une créature ! Les noms les plus vils ne sont pas assez forts pour elle, les plus flétrissantes épithètes n'y font rien ; le déshonneur, ce mot vide de sens, stupide et banal, l'a marquée au front du jour qu'un désœuvré l'alla chercher dans son pauvre village, la séduisit par passe-temps et ensuite l'abandonna à tous les hasards de la faim, celui-là est respecté aujourd'hui : il le fut toujours ; il est du meilleur monde, et les mères les plus riches et les plus sévères lui offrent leurs filles à marier. Triste dérision !... Eh bien ! qu'ils rient, ils en ont le droit ; moi, je ne rirai pas ; quoi que tu aies fait par la suite, ô pauvre fille, tu as bien fait, je le jure ; je baiserai ta main blanche, et ma jeunesse, je te la donnerai pour qu'à ton gré tu la diriges ; sans crainte de souillure, je baiserai tes lèvres et je dormirai tranquille sur ton cœur, car il n'a pas de poisons ! »

Attiré vers elle invinciblement, je me penchai pour l'embrasser : elle ouvrit les yeux : je tombai dans ses bras..... O nuit, nuit délicieuse et unique, que ton souvenir me brûle encore ! Dans mon cœur une flamme s'élève chaude et lumineuse, quand, au milieu de mon affreuse solitude, je songe à toi ! Oh ! pourquoi, Dieu du ciel qui m'entends, pourquoi as-tu voulu que nos yeux se rouvrissent à la lumière, alors que nous étions si près de toi, perdus dans l'infini oubli de toutes choses ? Nous serions alors morts à la terre plus heureux que tes élus eux-mêmes, et elle n'aurait pas souffert sa mortelle agonie, et moi, je ne me tordrais pas aujourd'hui dans le désespoir sans fin et sans limites qui bientôt, je l'espère, aura vaincu ma raison !.....

L'aurore du 10 mai éclairait la chambre, quand le matin nous ouvrîmes les yeux. Un instant, nous nous regardâmes comme si nous sortions d'un songe.

— Qu'avais-tu donc à être triste ? me demanda-t-elle.

— Je n'en sais rien, répondis-je, une idée !

Puis, me rejetant sur l'oreiller, tout d'un coup je m'écriai :

— Je voudrais bien mourir !

— Que dis-tu ?

— Oui, mourir dans ce lit, la tête sur cet oreiller, ensemble avec toi, dans un dernier baiser de ta bouche. O Anna, dormons encore, tiens, ne nous réveillons jamais ! A quoi bon nous lever ? serons-nous plus heureux ? Non, restons ici toujours ; je veux écouter ta respiration, voir tes yeux se fermer et boire ton haleine. Tout entière, tu es à moi ; ta chair est ma chair et ton âme est mon âme ; nous n'en faisons qu'un ; pourquoi nous séparer quand nous sommes si bien dans cette alcôve ! Rêvons ensemble le paradis : Dieu nous aimera.

Je laissais aller ma parole à son oreille et j'arrangeais ses cheveux épars autour de sa tête. Elle était ravissante dans son désordre, avec sa chemise de batiste entr'ouverte, et toujours elle souriait suspendue à mon cou.

— Restons couchés, dit-elle, si cela te plaît, tant que tu voudras.

Nous nous levâmes quand la pendule sonna deux heures ; jamais je ne m'étais senti si vivant, si dispos, de si bonne humeur ; toute préoccupation avait disparu ; il me semblait que tout vivait autour de moi, que tout partageait mon bonheur ; les rayons du soleil riaient et aussi les portraits pendus à la cheminée ; j'avais l'intelligence libre et comme épanouie ; tout était beau à mes yeux et tout m'aimait.

Non moins heureuse était Anna ; elle allait dans la chambre comme une sylphide ; elle fredonnait une romance et terminait sa toilette ; elle se parait avec coquetterie et me demandait si elle était belle : « Je veux être belle pour que tu sois fière de moi, disait-elle en riant ; oh ! la bonne journée ! »

Quand elle eut fini, je lui dis :

— Je t'ai fait de la peine en te disant que je te laisserais aller seule au théâtre ; c'est une sottise que je rétracte : me pardonnes-tu ?

— Si je te pardonne ! oh ! mon Dieu, qu'est-ce que tu dis ? N'es-tu pas toujours pardonné ? Enfant, donne-moi le bras ; je veux aller me promener ; nous irons bien loin, il ne fait pas trop chaud et nous pourrons marcher.

Nous allâmes comme deux tourtereaux, penchés l'un contre l'autre, elle souriant, moi pressant sa main. Il nous prit fantaisie d'aller sur l'autre rive ; nous passâmes le pont des Arts et nous arrivâmes au Luxembourg, alors plein d'ombre, de fleurs et de fraîcheur : nous donnâmes à manger aux petits oiseaux qui venaient en voletant prendre la mie dans nos mains ; puis nous nous engageâmes dans les allées couvertes en ce moment peu fréquentées ; nous nous assîmes et nous recommençâmes à marcher ; nous revînmes enfin à la tombée de la nuit, et nous passâmes tout le reste de la soirée accoudés à la fenêtre, mon bras serrant sa taille, à regarder le mouvement de la rue.

XV

Quelques jours après, Anna voulut faire une promenade dans un bois aux environs de Paris. Il faisait beau, le soleil était chaud, nous partîmes vers midi.

Pendant que nous errions bras dessus, bras dessous à travers les sentiers à peine frayés, le ciel se couvrit et de larges gouttes de pluie commencèrent à tomber annonçant un orage qui ne tarda pas à éclater.

En vain nous nous abritâmes sous le chêne le plus épais, nous fûmes bientôt trempés ; la nuit arriva, la température se refroidit : Anna se prit à grelotter. Sa bronchite, ainsi qu'elle le disait, avait laissé des traces, et quelquefois, en revenant du théâtre, elle était oppressée et respirait difficilement. Les plus vives craintes m'agitèrent : il fallait si peu de choses pour compromettre cette santé chancelante! Comme pour confirmer mes inquiétudes, elle me dit : J'ai bien froid; cette pluie sera mauvaise pour moi. Elle ne se trompait pas : la fièvre la prit, et en rentrant à Paris, il fallut la coucher.

Je m'assis à son chevet, écoutant avec une sorte d'effroi sa respiration entrecoupée et les battements secs de son cœur. Elle me vit triste et me dit en me serrant la main :

— Ce ne sera rien, rassure-toi.

Le lendemain, en effet, elle put se lever; elle n'avait plus de fièvre, mais elle était fort pâle; néanmoins, soit confiance réelle, soit pour me rassurer, elle se montra très-gaie.

— Est-ce que tu as eu sérieusement peur? me dit-elle ; me crois-tu donc si fragile? Va, ce n'est pas de cela que je mourrai.

Nous arrivâmes ainsi jusqu'au 10 juin ; à cette époque, je reçus une lettre bordée de noir qui m'annonçait que ma tante était morte la veille presque subitement ; le notaire m'écrivait de venir le plus tôt possible, afin d'assister à son enterrement, et aussi pour prendre possession de l'héritage qu'elle me laissait.

J'allai montrer aussitôt cette lettre à Anna, qui me dit :

— Eh bien ! pars, mon enfant, et reviens le plus tôt que tu pourras.

Mon absence dura quatre jours.

L'héritage inattendu de ma tante était pour moi une véritable fortune : il s'élevait à environ deux cent mille francs. Ma joie fut grande lorsque le notaire me montra le testament qui m'en constituait le possesseur. Les rêves d'indépendance absolue et d'amour tranquille qui maintes fois m'avaient bercé pouvaient maintenant se réaliser. Je pouvais arracher Anna au théâtre, à ses fatigues et à ses ennuis de toutes sortes, et aller vivre avec elle dans ce coin du monde paisible et ignoré que nous désirions tous les deux. Nul ne viendrait là se mettre entre nous ; nul ne viendrait troubler nos plus douces joies par de cyniques paroles ; nous ne nous quitterions plus d'un pas, et nous irions ensemble par les champs et les prairies, folâtres et ioyeux.

J'arrivai chez Anna plein de ces idées, et, en l'embrassant, je lui dis :

— Si tu veux, Anna, nous sommes libres.

— Comment? dit-elle.

Alors je lui expliquai tout : je lui montrai mes titres d'héritier, et j'ajoutai :

— Crois-tu qu'avec cela nous n'aurions pas assez pour vivre ensemble le plus heureusement du monde ?

Elle secoua la tête :

— Cela ne se peut pas, mon ami, ta tante t'a laissé sa fortune pour que tu en fasses un « bon usage » et non pour le dépenser avec moi.

— Et quel meilleur usage pourrai-je en faire, répliquai-je, qu'en le consacrant à ton bonheur et au mien ? Quelle raison sérieuse peux-tu alléguer pour me refuser ? Je n'aime et ne connais que toi ; je voudrais que tu fusses tout entière à moi et que tout ton temps et toutes tes pensées m'appartinssent ; ici, cela ne se peut pas. Tu as beau faire, ton théâtre t'occupe plus que moi ; tu as des chagrins, tu me reproches d'être trop inquiet, trop jaloux, tu pleures souvent. Du reste, il y a une raison meilleure encore que toutes celles-là et qui doit te décider : ta guérison n'a jamais été complète depuis le mois de mars ; tu es pâle et souffrante ; cette pluie t'a fait beaucoup de mal ; tu as absolument besoin de te reposer et de changer d'air.

— Mais dans quinze jours, répondit-elle, nous partirons pour les Pyrénées. J'attendrai bien jusque-là.

— Attendons la fin du mois, si tu veux, mais, à cette époque, tu quitteras le théâtre, ton engagement sera terminé, rien ne te forcera plus à revenir.

Alors elle me prit les deux mains et, fixant sur moi ses yeux souriants :

— Ce raisonnement est fort beau, fort généreux, et prouve un grand amour, dit-elle ; mais c'est un raisonnement d'enfant et je ne puis pas l'accepter. Il y a dans la vie mille nécessités que nul ne peut prévoir et auxquelles on doit forcément obéir. Ne te fâche pas de ce que je vais te dire : je te parle en mère, et en mère prudente, et tu dois m'écouter. Tu m'aimes de tout ton cœur aujourd'hui, et tu m'aimeras longtemps encore. Mais je suis déjà vieille à vingt-six ans, et dans quelques années je ne serai plus bonne à rien. Toi-même, tu le comprends bien, tu ne pourras pas toujours vivre comme à présent : tu changeras d'idées avec l'âge ;

l'amour ne dure qu'un temps. Eh bien! quand le jour sera venu où tu devras prendre le chemin de tout le monde et donner à ta vie un but pratique, il faudra que la fortuue que ta tante t'a laissée soit intacte ou à peu près. Or, si j'accueillais ta proposition, à cette époque, je ne posséderais rien, ou presque rien, et, ne pouvant plus rester avec moi, tu te croirais obligé de m'abandonner une partie de ton bien, et je ne veux pas, entends-tu bien, enfant, je ne veux pas que l'amour que tu as pour moi et celui que j'ai pour toi te soient le moins du monde préjudiciables, ni dans le présent ni dans l'avenir. Laisse donc les choses suivre leur cours naturel; nous partirons bientôt ; nous aurons deux bons mois à nous aimer en toute liberté, et c'est un avenir assez long pour que nous ne songions pas au delà...

Si mes rêves m'avaient souvent montré une maisonnette à contrevents verts, ombragée par des palmiers, dans un charmant pays fait pour l'amour, jamais ils ne m'avaient laissé entrevoir cette séparation finale dont Anna évoquait le fantôme.

Aussi, en l'entendant parler de cela comme d'un

fait certain et fatal, j'éprouvai une grande surprise ; je ne lui répondis rien, mais j'écoutai battre mon cœur, et il me semblait qu'il répondait ceci :

« C'est bien ainsi que parle la raison, et cette fin prosaïque est la fin ordinaire de toutes les amours ; mais ton amour n'est pas de ces affections vulgaires qui naissent au printemps avec les fleurs, et que décembre emporte avec les feuilles fanées de l'arbre desséché. Anna ne se mariera jamais, et jamais toi non plus ; pour toi, aussi bien que pour elle, le mariage est impossible : vous êtes deux exceptions sur la terre, deux feuilles du même arbre, deux fleurs de la même plante ; le même soleil vous éclairera dans la vie ; le même hiver, le même vent, vous abattront dans la mort. Allez donc ensemble et unissez vos tiges chancelantes, car la vie est courte, le présent seul est sûr, l'avenir toujours couvert de nuages !

Ce que ma conscience me disait, je le répétai à Anna : elle ne voulut rien entendre. Je n'insistai pas davantage pour le moment, me réservant de reprendre la question un jour plus favorable.

Elle alla le soir au théâtre et chanta comme à

son ordinaire; mais, en terminant, elle éprouvait une grande fatigue, et quand le rideau se fut abaissé sur le dernier acte, elle entra tout agitée dans sa loge et se jeta sur un siége.

— O mon pauvre enfant, me dit-elle, que j'ai mal à la tête! Il fait une chaleur infernale dans cette salle, et ces maudits lampions de la rampe me brûlent le sang.

Il n'était que trop vrai : la sueur lui perlait au front et tout son corps tremblait.

Je la ramenai en toute hâte à sa demeure, et elle se mit au lit. Tout en lui présentant je ne sais plus quel sirop qu'elle prenait tous les soirs, je lui dis :

— Crois-tu que je n'avais pas raison, ce matin? Tu verras qu'à force de vouloir poursuivre ton idée, tu ne me laisseras dans les mains qu'un cadavre.

— Je n'ai plus que trois représentations, répondit-elle, ce sera bientôt passé.

Toute la nuit elle fut oppressée, agitée, fiévreuse; elle ne put s'endormir qu'aux premiers rayons du jour, et son lourd sommeil se prolongea jusque vers dix heures. Elle était d'une pâleur livide, et j'avais les plus sombres pressentiments de cette maladie qui recommençait avec d'aussi effrayants symptômes.

Elle voulut se lever vers le soir, et se promener un peu : je la conduisis sur les boulevards et nous rentrâmes après une demi-heure ; l'air du soir lui avait fait du bien et la nuit suivante se passa assez doucement.

Mais sa poitrine était affaiblie, et le mal perfide dont elle était à jamais atteinte la serrait parfois violemment à la gorge : alors elle devenait pourpre et une toux intense lui déchirait le cœur.

Elle était encore très-faible le lendemain, et je lui dis :

— Ma chère Anna, puisque tu es mal portante, ne va pas ce soir au théâtre. Reste dans ta chambre, je passerai la soirée avec toi ; ta santé s'améliorera un peu ; mademoiselle D... pourra te remplacer. Veux-tu que je lui envoie Delphine avec une lettre ?

— D... est à la campagne depuis hier matin, répondit-elle, je ne puis pas compter sur elle aujourd'hui ; il est aussi trop tard pour faire changer le spectacle. Du reste, j'ai encore assez de force pour chanter, et pourvu qu'il ne fasse pas une chaleur excessive, j'arriverai à la fin sans trop de peine.

L'heure du départ étant venue, elle s'habilla ; et comme je la regardais tristement :

— D'où vient ce noir chagrin? dit-elle en souriant ; tu as donc vraiment peur de me voir mourir ? Et elle m'embrassa.

— Tu joues avec le feu, Anna, lui répondis-je ; tu es plus malade que tu ne le crois.

Mais, quels que fussent mes pressentiments, je ne m'attendais pas à ce qui arriva.

Oh ! ce fut une horrible soirée, celle-là ; la plus poignante peut-être que je passai jamais !

Le premier acte alla assez bien : Anna y paraissait peu et les quelques airs qu'elle avait à chanter ne demandaient pas une grande dépense de force ; mais au second acte et au troisième, elle ne quittait presque pas la scène.

Après le second, elle ressentait déjà une grande lassitude.

— Les forces ont failli me manquer, me dit-elle ; j'ai la poitrine délabrée ; et elle voulut que je la prisse sur mes genoux pour qu'elle se reposât un peu pendant l'entr'acte. Je lui versai du vin de Bordeaux que Delphine avait été chercher ; puis, je la pris entre mes bras, elle appuya sa tête sur mon épaule et ferma les yeux. Son cœur avait un battement sourd et lent, son front brûlait et malgré le rouge qui couvrait ses joues, l'altération de ses traits était visible.

Quelle douloureuse émotion j'éprouvais en la voyant ainsi souffrir, Dieu le sait ! j'avais les yeux pleins de larmes, et je me penchais à son oreille en lui murmurant les mots les plus tendres que la douleur faisait monter de mon cœur à mes lèvres !

Au bout d'une vingtaine de minutes, elle dut se lever : le troisième acte allait commencer.

XVI

J'étais au foyer depuis quelques moments, attendant qu'elle sortît pour revêtir le dernier costume traditionnel, la robe blanche, le bouquet de fleurs d'oranger et la couronne nuptiale, quand tout à coup j'entendis un grand bruit qui se faisait du côté de la scène.

D'autres personnes qui se trouvaient avec moi à causer en furent également frappées, et tous ensemble nous courûmes dans les couloirs.

Je vis un homme qui portait Anna dans ses bras :

— Qu'est-ce donc ? m'écriai-je.

Anna était évanouïe :

— On l'a sifflée, me dit l'homme, et elle s'est trouvée mal.

— On l'a sifflée, répondis-je en fixant les yeux sur elle, blanche cette fois et sans mouvement ; qui donc l'a sifflée ? et, tout en parlant, je passai un bras tremblant autour de sa taille, l'autre sous ses genoux, et je l'emportai à sa loge, pendant que de tous côtés on accourait autour de nous.

J'avais un nuage devant les yeux, les objets m'apparaissaient sous un jour douteux, et Anna me semblait morte. Je la couchai sur un petit canapé qui était contre le mur, et je lui fis respirer quelques sels qui se trouvaient là. Une de ses camarades qui était entrée avec moi dégrafait son corset et lui réchauffait les mains. Elle lui versa quelques gouttes d'éther sur le front: elle ne revenait pas.

Je m'agenouillai à ses pieds: j'entourai sa taille de mes bras; j'embrassai mille fois ses mains et son visage; je mouillai de mes pleurs brûlants sa poitrine nue. Je l'appelais, je lui disais les mots les plus doux, je la suppliais d'ouvrir les yeux, puis je recommençais à baiser ses lèvres pour y faire passer mon souffle et la réchauffer avec mon âme. Deux hommes entrèrent qui s'entretenaient de ce qui était arrivé: « ses forces l'avaient trahie au milieu d'un grand air, et elle n'avait pu achever ; un coup de sifflet était parti de l'orchestre, suivi d'une clameur confuse de toute la salle ; Anna était tombée sous le coup en jetant un cri ; quelques femmes avaient protesté, la toile s'était abaissée. »

Enfin, au bout d'une mortelle demi-heure, elle ouvrit les yeux, et un long soupir souleva sa poitrine ; je poussai un cri de joie; un sourire plus léger que le souffle d'un enfant voltigea sur ses lèvres en me voyant ; avec une joie profonde je joignis les mains et remerciai le ciel. Éblouis par la lumière vive qui éclairait la loge, ses yeux se refermèrent ; on alla chercher un fiacre, je l'y portai, et, arrivé chez elle, je la couchai sur son lit. J'appuyai ma main sur son cœur et je sentis un battement sourd et rapide ; les yeux étaient entourés d'un cercle noir, les tempes battaient et les joues contractées se creusaient ; un tremblement nerveux agitait tous les membres ; je me penchais sur son front comme on se penche sur un moribond, avec un grand serrement de cœur, écoutant sa respiration faible et n'osant respirer moi-même.

La connaissance lui revint, et de nouveau elle rouvrit les yeux en demandant où elle était :

— Tu es chez toi, mon Anna, lui dis-je en lui donnant un baiser : tu es dans ta chambre et dans ton lit, et je lui montrai de la main les rideaux et les tableaux. Elle tourna la tête vers moi, et prit ma main, la serra :

— Donne-moi à boire, dit-elle, ma gorge est sèche ; j'étouffe.

Je lui versai du sirop avec de l'eau : elle but à petites gorgées. Delphine était dans la chambre à côté préparant du linge, j'allai lui dire de courir chercher le médecin, et quand je revins auprès d'Anna, je vis deux larmes qui coulaient sur ses joues lentement; sans doute le souvenir de la triste scène lui était revenu ; je voulus sécher ses larmes et la consoler, mais ma bouche en touchant ses yeux s'humecta de ses larmes et nos pleurs se confondirent.

— Pauvre enfant, dit-elle avec un accent d'amour infini ; tu es le seul qui m'aime !... Mon Dieu ! ils m'ont sifflée ! je n'en pouvais plus ; j'étais exténuée, rendue ; la voix au dernier moment m'a manqué ; j'étais seule en scène... Oh ! les hommes sont bien méchants !

Je la suppliai de ne plus penser à cela, lui jurant que jamais elle ne reparaîtrait au théâtre, et que sitôt qu'elle serait rétablie au point de pouvoir supporter le voyage, je la conduirais aux Pyrénées faire sa convalescence.

Je parlais ainsi debout devant son lit, les yeux toujours fixés sur les siens ; elle m'écoutait en souriant.

Tout à coup, elle devint pourpre ; elle se souleva du lit en poussant un cri douloureux et serrant fortement ses deux mains contre son cœur, puis elle retomba ; sa tête se rejeta de côté sur l'oreiller ; un frisson la parcourut des pieds à la tête, et des gémissements lents et plaintifs comme ceux d'un mourant sortirent de sa gorge. J'étais épouvanté : le médecin arriva fort à propos. Il l'examina longtemps et me fit des questions multipliées. Je lui dis tout, depuis l'orage de la forêt jusqu'à l'orage du théâtre, sans rien oublier des malaises passagers dont maintes fois elle s'était plainte. Il jugea nécessaire de pratiquer une saignée pour dissiper la crise nerveuse du moment ; peu après, en effet, la convulsion cessa, et la pauvre créature reprit connaissance.

— Cette maladie est très-grave, me dit alors le médecin, la guérison sera bien difficile et exigera les plus grands soins.

Il ordonna un régime hygiénique, un repos absolu, diverses pâtes et potions, et surtout un voyage au Midi, dans une ville de bains.

Je ne me couchai pas cette nuit. Anna avait la fièvre ; elle parlait tout haut, battant la campagne, se plaignant et gémissant ; une fois elle se leva droite sur son séant et allongea vers moi ses bras :

« C'est toi, dit-elle, c'est toi, viens, viens, je t'aime. »

Elle me serrait étroitement, collant ses joues sur les miennes; je pleurais; elle me fit asseoir sur une chaise qui était à la tête du lit, sécha mes pleurs :

— Ne pleure pas ainsi, dit-elle, je ne le veux pas; il est tard, tu dois avoir sommeil ; couche-toi. Et elle m'attira encore à elle, me dit de l'embrasser :

« Sans toi je serais morte déjà. »

Elle sourit :

— Cela te fait de la peine de me voir souffrir; mais je guérirai, oui, je guérirai, et nous nous en irons ensemble dans un autre pays plus heureux.

Elle s'endormit enfin à l'aube naissante de ce sommeil agité de la fièvre qui peuple l'esprit de fantômes et fatigue le corps bien plus qu'il ne le repose. Je restais immobile sur un siége, ruminant en ma tête les paroles du médecin qui me semblaient pleines de réticences menaçantes et de terribles présages. En l'examinant, il avait fait certains gestes qui m'effrayaient ; il avait hésité avant de prononcer certains mots, et je me disais que, dans sa bouche, les mots de maladie grave et de guérison difficile signifiaient peut-être mal incurable, guérison impossible.

Par moments aussi, je me roidissais dans un violent accès de fureur, en pensant qu'il avait suffi, pour briser son cœur et le mien, d'un coup de sifflet parti de la lèvre d'une brute quelconque, perdue dans la foule et forte de son impunité ! Et je ne puis maintenant encore me rappeler cette nuit déchirante et tous les maux qui en furent la suite, sans sentir tout mon sang bouillonner dans mes veines, la rage me mordre en pleine chair et la malédiction me monter à la bouche ! Je la revois encore, cette salle toujours la même dans sa désespérante monotonie de visages, de costumes, d'insipides regards, que chaque soir amène à tous les théâtres comme la marée jette des galets sur la plage ; je le revois, cet auguste aréopage d'hommes et de femmes qui se prélassent dans leurs fauteuils, contents d'eux-mêmes et en belle humeur ; ils la lorgnent et se communiquent leurs réflexions ; ils la trouvent appétissante ; quoi encore ! et ils ne voient rien de ses souffrances, ils ne sentent pas qu'à chaque note qu'elle a lancée à leurs oreilles, elle a perdu un peu de son âme. Ils sont venus s'amuser : comme à l'ogre, toujours il leur faut de la chair fraîche : le matin la marée encore palpitante, le soir de jolies filles qui chantent ou dansent sur un théâtre ! Vaille que vaille, il leur faut du plaisir ! Ils sifflent la chanteuse imprudente qui faiblit un jour de maladie, puis ils embrassent leurs enfants, caressent leurs femmes ou leurs maîtresses, et vive le plaisir ! Le plaisir, le poëte l'a chanté ! C'est l'étreinte puissante de deux cœurs, l'amour sous le ciel bleu, l'épanouissement des âmes dans une folle ivresse ; l'exaltation et le délire qui emportent l'esprit dans un songe magique où tout est resplendissant sous le soleil ! C'est le grand festin dans la salle immense : les parfums d'Arabie fument dans les cassolettes ; autour des colonnes s'enroulent les fleurs ; d'invisibles chanteurs répètent l'hymne du dieu Plaisir ! Autour de la table, tous les âges sont confondus et tous les sexes, mais personne ne souffre : tous sont égaux sur leurs siéges d'ivoire, tous ont des diadèmes de fleurs sur la tête ; les coupes sont pleines du même vin ; devant chaque convive le mets universel, et dans les yeux noirs des femmes belles brille l'amour, splendide lumière ; sur le front des hommes fiers siégent la grandeur et la force ; et les aïeux ont des cheveux blancs qu'on révère, et les enfants de doux sourires que baisent les mères ! Vive le plaisir ! Mais ce n'est pas plaisir l'orgie empestée où, gorgés de vins, de viandes et de poissons, repus et dégoûtants, bacchants et bacchantes vont cuver par paires dans des lits leur pesante ivresse et leur somnolence hébétée : c'est bestialité. Ce n'est pas plaisir l'esclave que le patricien jette aux murènes, l'enfant qu'on bat de verges, la vierge qu'on flétrit : c'est crime et lâcheté ! Et toi, homme, qui que tu sois, vil et méprisable qui l'as sifflée, et le premier as creusé la tombe de mon infortunée, que le ciel te maudisse ! Et vous tous qui avez crié et qui avez ri de son malheur, que vos femmes soient adultères et scrofuleux vos enfants ! Que le feu du ciel vengeur tombe sur votre maison et la consume avec tout ce qu'elle renferme, et que, mendiants, vous alliez par les chemins les pieds nus, la peau galeuse, les genoux tordus, le visage hideux ; que nul n'ait pitié de vous, car vous n'avez pas eu pitié d'elle ; que les petits enfants s'enfuient à votre approche ; que sous vos mains se tarissent les sources et se dessèchent les fruits ; puis mourez de soif et de faim, après trois jours d'agonie, dans le désert de sables brûlants ; volez autour de leurs têtes, corbeaux et vautours, arrachez leurs prunelles ; plongez vos becs dans leurs ventres infects, et que dans la nuit noire arrive le chacal, bête immonde et peureuse, qui les emporte à son charnier et les dévore avec les pourritures ! . . . .

Hélas ! mes pressentiments n'étaient que trop réels ! Le médecin ne m'avait pas tout dit ; le coup avait porté trop avant dans ce cœur déjà débile, et les jours qu'elle vécut encore furent tristes et languissants, sauf quelques moments brefs comme des éclairs où, à force d'amour, une flamme passagère se ralluma en elle, et éclaira ses derniers adieux à la terre.

Pendant quinze jours elle garda le lit ; on l'avait saignée trois fois et elle ressentait une faiblesse extrême ; elle ne parlait pas et ne pouvait faire aucun mouvement ; elle restait couchée sur le dos, et je la veillais toujours, avec quelles angoisses!

Le mois de juillet arriva : elle commença à se lever, et le médecin ayant déclaré qu'elle pouvait supporter le voyage, nous fixâmes le départ pour le huitième jour. Nous allions au milieu des Pyrénées, dans la petite ville de B.....

XVII

Ce fut un mercredi, par une chaude matinée, que nous quittâmes Paris : nous arrivâmes le lendemain à B.....

Il y avait dans la ville beaucoup de monde. Je cherchai aux environs, pas trop loin, une maison convenable, isolée, car ce dont Anna avait le plus besoin, c'était la tranquillité. Après quelques heures de recherche, je découvris à quelque distance de la ville, sur un coteau, une petite habitation composée d'un simple rez-de-chaussée, avec quatre fenêtres vertes sur la façade et deux de chaque côté, quelque chose de très-simple. Il y avait par devant une cour ombragée ; par derrière, un grand jardin ceint d'un petit mur, et à côté un enclos contenant quelques pommiers et, au milieu, un très-beau noyer. C'était un vrai nid où l'on pouvait se cacher à tout importun. Au-dessus de la porte pendait un écriteau portant ces mots : A louer présentement; s'adresser en ville, chez M. Rod....., rue des Moines.

J'y retournai le soir avec Anna, qui en fut enchantée, et sans plus tarder nous nous rendîmes chez M. Rod..... avec lequel nous convînmes du prix de la location, et le lendemain même nous nous installâmes dans notre palais en miniature.

Il contenait un petit salon, deux chambres à coucher, une cuisine et deux petits cabinets pour la toilette ; le tout meublé à souhait.

Nous y passâmes six longues semaines, les plus douces, les plus agréables peut-être de notre vie, et qui auraient été bien plus charmantes encore sans cette déplorable maladie qui rongeait ma pauvre maîtresse. Je ne pensais plus qu'à cette seule chose, la guérir, et chaque jour je redoublais d'attentions et de petits soins ; je veillais à son déjeuner, je dirigeais ses promenades, je lui lisais ses livres, et lorsqu'elle était couchée, je prolongeais ma veillée fort avant dans la nuit, écoutant son sommeil, et craignant de le voir à chaque instant interrompu par une douleur subite.

Elle suivait scrupuleusement le traitement que lui prescrivait le médecin, prenait des bains le matin, en un mot ne négligeait rien pour se rétablir ; mais elle souffrait toujours, et avait conservé un léger tremblement des nerfs qui l'affaiblissait encore davantage. Elle était triste, et soit pressentiment de sa fin prochaine, soit douleur des choses passées, soit toute autre cause, quelquefois je la voyais pencher la tête vers la terre, y fixer longtemps les yeux dans l'attitude de la méditation, puis elle les relevait sur moi et longtemps me regardait ; deux larmes coulaient silencieusement sur ses joues, et elle me prenait la main, m'attirait sur son cœur, m'y serrait avec amour :

—Cher enfant, que ton cœur est bon ! me disait-elle un jour dans une tendre et délicieuse étreinte ; quoi ! tu es jeune, riche, passionné ; tout est souriant pour toi dans la vie ; tu trouverais des jeunes filles belles et pures pour t'aimer et te comprendre, des amis pour te mener dans les fêtes, et tu consens à associer ta vie à celle d'une pauvre femme que tous ont insultée et flétrie, qui n'a plus ni beauté, ni santé, ni gaieté, et qui ne peut plus t'accorder aucun plaisir! Oh! c'est que tu sais aimer, et que rien ne peut te séparer de moi, n'est ce pas? Tu t'es attaché à moi comme l'enfant à sa mère, et plus tu me vois triste et souffrante, plus ton amour grandit. Mais maintenant, est-ce bien de l'amour, dis, ce sentiment que tu éprouves pour moi? n'est-ce pas plutôt du dévouement?

— Pourquoi veux-tu que ce ne soit pas de l'amour? lui répondis-je; pourquoi du dévouement?

— Mais je suis si chétive maintenant, si abattue, si laide!

— Laide, Anna? Mais ce n'est pas vrai, je t'assure; et puis, crois-tu vraiment que ce ne soit que ton visage que j'aime en toi? Belle ou laide, c'est Anna que j'aime et que, de plus en plus, j'aimerai jusqu'à la mort.

Elle sourit tout émue, et reprit:

— Oui, aime-moi bien, enfant, jamais je n'eus tant besoin de me sentir aimée; car, vois-tu bien, ajouta-t-elle en étendant la main vers la campagne devant nous paisible, tout cela je ne le verrai plus longtemps.

Le ton dont ces paroles furent dites était triste comme un adieu.

— Que veux-tu dire, Anna?

— Je veux dire que, tôt ou tard, il faudra nous séparer, mon pauvre ami.

— Ne parle pas ainsi, je ne le veux pas, m'écriai-je ; oh ! Anna ! ne dis jamais cela ! Nous séparer ! et qui donc nous séparera ? Ne sommes-nous pas pour toujours réunis ? D'où te viennent ces pensées funèbres ? Qu'as-tu vu d'effrayant ? As-tu fait un mauvais rêve ? Oh ! non, Anna, ne parle jamais de séparation. Tu guériras, je te le jure ; tu reviendras à la vie plus fraîche, plus belle, plus heureuse que jamais, et tous les deux ensemble, où tu voudras nous irons ; tu règleras ma vie, tu me dicteras tes volontés, je vivrai pour te servir. Sans toi, que deviendrais-je?

C'était le soir : la journée avait été belle, le ciel était bleu, nous sortîmes.

Hors de la ville, il y a un petit bois au bord de

l'eau : c'est là que nous allâmes. Sur un tronc d'arbre renversé nous nous assîmes, l'âme attristée, et du même regard nous contemplâmes la nature en fête qui de tous côtés nous environnait : devant nous, le bleu foncé des Pyrénées ; au-dessous, la ville et ses maisons, la rivière tranquille au milieu de la plaine verdoyante ; par-dessus tout, l'azur du ciel. La main d'Anna s'appuyait sur mon épaule, sa tête touchait la mienne, et son haleine courait sur mes joues. Nous restâmes longtemps silencieux, écoutant le doux gémissement du vent dans les arbres et le murmure que faisait le Gave en roulant sur son lit de gravier. Se tenant par la main et sautant en cadence, un groupe de jeunes filles passa devant nous ; folâtres, elles chantaient une gaie chanson, peut-être un chant d'amour, car elles étaient vives et légères comme des roseaux qui se balancent, et leur voix était douce comme celle de l'oiseau. Elles passèrent, et la brise emporta au loin leur chanson que nous écoutions encore attentifs comme la dernière vibration d'une mélodie connue et toujours aimée ! Oh ! je crois l'entendre encore, le chant des jeunes filles ! Qui étaient-elles ? d'où venaient-elles? où allaient-elles? Je n'en sais rien, sinon qu'elles allaient par la campagne, des fleurs à la main, et nous lentement nous avancions vers la borne fatale, où tout se brise en un moment, le cœur et la vie!

— Quand j'avais quinze ans, dit Anna, je chantais de ces chansons-là, en patois, avec des amies aussi; c'est bien loin!

Nous restâmes près d'une heure sur le chêne abattu: les étoiles se levèrent dans le ciel; dans l'herbe, le grillon se mit à chanter, et, dans les profondeurs du bois, un rossignol qui depuis quelques instants préludait à ses roulades, joignit sa voix douce et mélancolique au cri sec du grillon.

Le sentier bordé de haies vives était étroit: Anna marchait devant moi, me précédant de quelques pas. Quelquefois un grand arbre se dressant tout à coup au bord du chemin, la dérobait à ma vue; je n'entendais plus que les feuilles sèches qui criaient sous son pied; puis, elle reparaissait; je m'arrêtais alors pour mieux la voir marcher: elle était comme une apparition dans cette demi-obscurité des étoiles luttant contre la nuit; elle avait autour de la tête un foulard qui se nouait sous le menton, et dont les bouts retombant par derrière laissaient voir le cou blanc et quelques boucles de la chevelure que le vent soulevait faiblement; blanc était son corsage ainsi que sa robe sans apprêts d'aucune sorte, et rien n'était plus beau que son profil quand elle se retournait à demi pour regarder du côté de la rivière. On l'aurait prise pour une jeune femme de ces pays revenant soit de la chapelle voisine, soit d'un rendez-vous d'amour, et moi, qui connaissais son histoire, involontairement je songeai à cette autre soirée où pour la première fois je la vis, si belle, si applaudie par des mains d'hommes ; mais, en ce moment, ce n'étaient plus des mains d'hommes qui battaient, c'était la brise du soir, c'était le murmure des arbres et des eaux ; c'étaient les voix mystérieuses des prairies qui chantaient un hymne à sa beauté ! Ce n'était plus la chanteuse à la voix mélancolique que j'admirais, mais la femme douce et languissante par l'amour sanctifiée.

« O mon Dieu, disais-je dans une sorte d'extase en me rappelant les tristes paroles qu'elle m'avait dites ; ô mon Dieu, conserve-la toujours pour moi !

Dissipe ce mal cruel qui la ronge, rends la santé à son corps, la joie à son âme, et verse sur nous, du haut de ton ciel étoilé, l'amour comme une pure et bienfaisante rosée ; les hommes sont nos ennemis à tous deux ! éloigne-nous de leur contact, et, un jour, quand la mort viendra, qu'elle nous prenne tous les deux dans la même main et nous conduise à jamais réunis au même paradis bienheureux !

Voilée par les nuages, la lune se levait à l'orient ; sous son regard l'eau s'argentait, les sommets des Pyrénées s'éclairaient, et les champs de la vallée prenaient des teintes diverses d'ombre et de lumière ; le vent apporta à notre oreille les sons affaiblis d'un orchestre de bal qui résonnait dans la ville. Anna s'était arrêtée : je la rejoignis, et lui montrant tour à tour la blanche traînée d'étoiles, et la rivière et les champs, et tout ce qui nous entourait :

— Quelle belle nuit ! lui dis-je avec attendrissement ; ces parfums, cette musique me portent à l'âme ; et toi-même, je ne sais si c'est réalité vraie ou fausse, jamais je ne t'ai vue ainsi !

Belle elle était, en effet, ma blanche Anna sous

les rayons pâles; d'un lumineux éclat ses yeux noirs rayonnaient ; une émotion profonde donnait à son visage une expression d'indicible sérénité ; elle me paraissait plus grande que nature, et certes un païen l'aurait prise pour une divinité tutélaire des moissons. Pour combler l'illusion, elle se mit à chanter : c'était une romance ou plutôt une élégie tendre et passionnée, non sans quelque tristesse. Jamais sa voix n'avait été si pure ; jamais elle n'avait vibré sous une plus suave inspiration ; jamais cette campagne n'entendit ni n'entendra jamais de pareils accents !

O noble et admirable créature, ils se seraient agenouillés devant toi ceux-là mêmes qui naguère encore t'avaient si cruellement frappée, si, à cette heure ineffable, il leur eût été donné de te voir et de t'entendre. Mais non ; c'était pour toi seule et pour moi que tu chantais, et, grâce à Dieu, nulle autre oreille n'entendit ce cri de ton cœur que tu jetais comme un dernier et suprême adieu aux échos de cet heureux pays !

En finissant, elle laissa tomber sa tête sur mon épaule : je sentis son cœur battre d'un mouvement plus vif : je passai mon bras autour de sa taille et la ramenai à l'habitation.

Retracerai-je tant d'autres scènes pénétrantes d'amour dont les murs de cette paisible maisonnette furent les discrets témoins ? Redirai-je nos douces et longues causeries le soir, auprès de la fenêtre, tandis que la lampe brillait sur le guéridon ? Un livre était ouvert, tout au bout : je le prenais par intervalles et j'en lisais tout haut deux ou trois strophes ; puis nous recommencions à causer tout en regardant à nos pieds la foule qui se déroulait dans les promenades. C'était une vie tout intérieure, pleine de joies intimes ; nos mains s'entrelaçaient, nos épaules se touchaient, et nos cheveux et nos joues et nos lèvres ; nous causions : de quoi ? mots intelligibles pour nous seuls, à peine murmurés ; mais nous étions si près que nous entendions toujours, et l'égal battement des deux cœurs qui se touchaient disait mieux encore notre bonheur ! Oh ! jours heureux ! jours heureux ! où êtes-vous allés ? Est-il vrai que vous êtes à jamais éclipsés ; jamais vous ne reviendrez ; et mes yeux, qui se miraient si délicieusement dans ses prunelles ne la reverront-ils plus jamais! Oh! revenez, revenez autour de moi, gais essaims des rêves envolés; tournez autour de ma tête, riez comme autrefois, et redites-moi ces mots mystérieux qu'elle disait si doucement pour me charmer!...

J'ai laissé tomber ma plume et j'ai fait quelques pas.

Le temps a marché; six jours se sont passés et six nuits depuis que j'ai commencé à écrire. Mes yeux sont rougis; ils avaient encore des larmes, car quelques-unes ont mouillé ce papier. J'ai ouvert la fenêtre; j'ai regardé du côté de la mer; elle est calme; un bateau courait sous le vent; puis, il a disparu.

Il faut maintenant entrer dans le pays des gémissements; j'irai jusqu'au bout. Hélas, c'est comme si j'avais rêvé.

XVIII

Un matin — c'était, je crois, le 18 août, j'entrai dans la chambre d'Anna; elle était couchée sur le dos et les yeux fermés; pour mieux la voir, j'écartai un peu l'un des rideaux : elle se réveilla. Je lui demandai si la nuit s'était bien passée :

— Non, dit-elle, j'ai souffert beaucoup.

Sa voix voilée, sa respiration difficile, ses joues sèches, tout son visage enfin témoignait une grande fatigue.

Je fus très-affecté de cette nouvelle, car, depuis une quinzaine de jours, sa santé avait paru s'améliorer, et je lui avais fait partager mon espoir de la voir se rétablir plus promptement et plus entièrement peut-être que le médecin ne nous l'avait fait espérer.

Adieu l'espoir ! adieu la guérison précoce ! le mal ne s'était dissimulé que pour reparaître plus tenace ! je me frappai le cœur ; de ce jour commencèrent mon supplice et son martyre.

Elle me pria d'écarter tout à fait le rideau et d'ouvrir la fenêtre, pour qu'elle pût respirer l'air frais du matin, et comme je m'asseyais près d'elle, elle me dit :

— Tu vas reprendre le rôle de garde-malade : cela durera peut-être bien longtemps.

A mon tour, je lui répondis :

— Cela ne sera rien; une indisposition passagère ne peut pas retarder ta guérison, et avant-hier encore le docteur assurait que tout allait au mieux.

La nuit suivante, elle se plaignit de vives douleurs au cœur ; cela continua ainsi pendant plusieurs jours.

Enfin elle put se lever.

Nous avions gravi un jour la colline qui conduit au village de M... et déjà nous nous disposions au retour quand une petite fille passa devant nous, conduisant deux vaches qui marchaient lourdement derrière elle. En passant, elle nous dit bonjour d'une petite voix douce et chantante.

— O la jolie petite fille ! s'écria Anna en la regardant.

Cette enfant avait, en effet, le plus joli minois méridional, des yeux noirs très-grands, et dans la physionomie quelque chose de vif et d'alerte.

— Comment t'appelles-tu, ma petite amie ?

— Je m'appelle Berthe, madame.

— Et qu'est-ce que tu portes là, à la main ?

— C'est une couronne pour la Vierge afin qu'elle guérisse maman.

— Elle est donc malade, ta mère ?

— Oui, madame, elle est bien malade, elle est toute pâle, elle tousse beaucoup et l'on dit qu'elle va mourir.

A ces mots, le cœur de la petite devint gros et elle se mit à pleurer. Anna s'attendrit à cette naïve douleur : elle embrassa l'enfant, et, par beaucoup de caresses et de promesses, la consola.

— Où demeure-t-elle, ta pauvre maman ?

— Là-haut, près de la forêt, dans la maison en chaume.

— Que faisait-elle avant d'être malade ?

— Elle était chanvrière.

— Et ton père, que fait-il ?

— Papa ! il est mort.

Le chagrin de la petite fille allait reprendre de plus belle, mais Anna le contint en donnant à l'enfant une boîte de pastilles sucrées qu'elle portait sur elle.

Nous suivîmes l'enfant jusque chez sa mère que nous trouvâmes couchée sur un grabat. Un vieux médecin était auprès d'elle.

— Cette pauvre femme est phthisique au dernier

degré, nous dit-il, et dans quinze jours peut-être elle n'existera plus; son mari est mort il y a six mois en franchissant un pic de la montagne, de sorte que la pauvre Berthe va se trouver orpheline de père et de mère à huit ans. Heureusement, elle est entourée de braves gens qui ne la négligeront pas.

Pendant que le médecin parlait, Berthe entra tenant à la main un vase de lait qu'elle présenta à sa maman.

Nous étions à la tête du lit, témoins attendris de cette scène touchante. La mère prit d'une main affaiblie le breuvage et l'avala en plusieurs traits. Berthe promenait alternativement sur elle et sur nous ses yeux humides de larmes.

— Viens, mon enfant, lui dit la malade, viens embrasser ta pauvre mère, et Berthe, mettant ses genoux sur une chaise, se laissa aller aux bras de sa mère qui la tint longtemps sur son cœur. La figure hâve de la phthisique, épuisée par les souffrances, sembla se colorer d'une teinte moins pâle et deux larmes roulèrent de ses yeux :

— Pauvre enfant, dit-elle, que Dieu te protége quand je ne serai plus là !

Il fallut emmener Berthe qui sanglotait.

Nous restâmes encore quelques moments à donner des soins et des consolations à la pauvre mourante ; puis, nous sortîmes tristement impressionnés par cette scène navrante, et l'image de la mort qui se dressait ainsi subitement devant nous, dans toute sa terrible réalité, nous causa une sorte d'effroi qui était un pressentiment.

C'est le soir de ce même jour qu'Anna me parla de quitter B..... Je me souviens de cette soirée comme si j'y étais encore. Nous étions sous un bosquet : devant nous, le soleil se couchait ; les fleurs de toutes couleurs se balançaient autour de nous au souffle du vent, et leurs parfums se mêlaient à l'air que nous respirions. C'était une fin de jour calme et souriante ; cependant, une tristesse inaccoutumée assombrissait, depuis le matin, le front d'Anna.

— Tu penses encore à Berthe ? lui demandai-je.

— A Berthe et à autre chose encore. Ecoute. Il y a dans ma vie un détail insignifiant et que j'avais presque oublié, mais que la scène de ce matin a remis dans ma mémoire. En voyant Berthe soigner sa mère, je me suis rappelé un fait à peu près pareil qui eut lieu un jour chez nous.

J'avais neuf ou dix ans; ma mère venait d'accoucher de mon plus jeune frère et avait repris ses travaux habituels avant d'être bien remise de ses couches. Un jour, elle alla à un bourg assez éloigné et rentra le soir très-fatiguée : la fièvre la prit, et elle se trouva en peu de temps dans une position extrême. Le curé vint la voir et s'entretint quelque temps avec le médecin qui en hochant la tête lui dit : « Elle va bien mal. » J'entendis ces mots, et je me pris à pleurer, ce que voyant ma mère m'appela, m'embrassa et me dit de me consoler, car ce ne serait rien. Elle se remit en effet, peu à peu. Eh bien! il y a deux ans que ma mère est morte, minée par le chagrin que lui avait causé ma fuite.

En partant, je m'étais donné ma parole que jamais je ne reverrais la maison que je quittais, et jamais, en effet, je ne l'ai revue. Mais depuis un mois mes idées ont bien changé, et je me sens un grand désir de revoir le pays où j'ai si longtemps vécu aimée, heureuse et innocente. Ce serait comme un pèlerinage que je ferais ! Depuis ce matin, le désir d'accomplir ce pèlerinage a redoublé ; faible et languissante comme je le suis, l'air natal me fera du bien.

Elle parlait avec émotion ; en finissant, elle fixa les yeux sur moi avec une expression de tendresse infinie mêlée d'inquiétude :

— Nous irons où tu voudras, Anna, répondis-je, et ce sera avec un bonheur presque égal au tien que je verrai ton cher pays ; quand veux-tu que nous partions ?

— Lundi prochain, si tu veux, dans une semaine. Nous pourrons rester dix à quinze jours à G....., et nous reviendrons ici passer la saison d'hiver.

Riront les sceptiques, mais je crois à une puissance invisible qui nous mène comme par la main, à travers une voie bonne ou mauvaise, tracée d'avance devant nos pas et dont nous ne pouvons nous écarter ; à un détour un abîme se creuse, la main fatale nous y lâche, et sur nous se fait le silence.

Nous arrivâmes un soir de septembre à G..... Il n'y avait dans ce village qu'une petite auberge dans laquelle on nous ménagea une petite chambre à deux lits assez coquette. Anna craignit d'abord d'être reconnue, et pour éviter les commentaires et les inventions qui n'allaient pas manquer de se donner carrière à notre propos, nous dîmes que nous étions frère et sœur, que nous venions des bains des Pyrénées, et que nous voulions passer quelques jours à G..... pour y voir la mer qu'on disait très-belle et les environs très-pittoresques.

Notre première visite fut pour la maison où Anna avait passé la plus grande partie de sa vie.

Cette maison avait passé à de nouveaux maîtres.

Elle était bien à quelques pas du rivage, ainsi qu'Anna me l'avait dit, cachée sous une vigne grimpante qui y avait de tous côtés étendu ses rameaux, et dont quelques grappes pendaient encore au soleil. Devant la porte, deux petits enfants jouaient pendant que la mère allait et venait à l'intérieur.

— Il n'y a vraiment rien de changé que le nom,

me dit Anna, et la voilà bien telle que je l'ai laissée. D'autres y avaient joué avant moi, d'autres y jouent après moi, et tous s'en vont, et moi qui reviens aujourd'hui, personne ne me reconnaît.

Personne, en effet, ne l'avait reconnue. A chaque instant elle rencontrait une ancienne amie d'enfance, autrefois légère jeune fille, aujourd'hui sérieuse mère de famille, et l'ancienne amie se retournait un moment pour regarder la belle dame étrangère, et continuait ensuite son chemin, toute ravie. Il aurait fallu réellement aux femmes de G..... une mémoire bien tendrement fidèle pour reconnaître leur ancienne compagne de jeux, car si le temps avait peu altéré leurs traits, à elles qui avaient borné leur horizon aux grands arbres de la route, il en avait été tout autrement d'Anna.

Nous allâmes au cimetière, à la tombe de la mère. Une petite croix de bois peint la surmontait portant une de ces inscriptions banales dont la bêtise humaine se plaît à profaner les tombeaux silencieux.

Je ne sais pas quelle prière prononça Anna, mais

elle dut plaire à Dieu, car elle était mouillée des larmes du cœur. Quand elle eut fini, elle s'approcha de moi, et me dit encore émue :

— Viens, mon enfant, rentrons.

Le cimetière est assez éloigné du village, et pour y aller comme pour en revenir, il faut traverser des champs qui, à cette époque, étaient couverts de hautes plantations. Nous allions donc doucement par la campagne, et comme huit heures sonnaient, assez près de nous, du côté de la mer, nous entendîmes, sans les voir, quelques petites filles qui chantaient de leurs voix argentines une sorte de cantique à la Vierge. C'était modulé sur un ton lent et plaintif qui ne pouvait pas manquer de nous impressionner. J'aime beaucoup ces petites filles, chantant le soir au bord de la mer leur cantique à la Vierge ; nous nous arrêtâmes pour les écouter jusqu'à ce que leurs voix se perdissent dans l'éloignement.

Nous les revîmes quelques moments après : c'étaient des enfants qui s'en allaient sur la plage, pêchant sans doute de petits crabes.

Nous aussi, nous nous promenâmes longtemps au

bord de la mer, et nous nous assîmes sur une roche, à la regarder.

Nous revîmes ainsi en peu de temps les lieux les plus chers à la mémoire d'Anna. Elle me montra les rochers qu'elle avait gravis pour chercher dans les profondeurs du golfe la voile du bateau de son père ; les sentiers qu'elle avait suivis toute craintive en causant d'amour avec Lorans ; les gazons où elle s'était assise en songeant :

— Là, me disait-elle, je fis avec Lorans des projets de mariage et de bonheur sans fin, et ici, continuait-elle, en me montrant un noyer, ici j'étais quand Léonce passa sur son cheval comme un vainqueur. Une autre fois, elle me montra le champ où ils s'étaient longtemps promenés, la dernière nuit, et, plus loin, à la lisière du bois, l'arbre qui avait entendu leurs derniers serments.

On sent un grand bonheur à se rappeler jusque dans les moindres détails tout ce qu'on a eu de plaisir et de peine dans des lieux aimés, abandonnés longtemps.

Anna était si joyeuse de se retrouver dans son pays, d'en respirer l'air, d'en revoir la mer agitée, qu'elle semblait y avoir puisé, en y mettant le pied, une vigueur inconnue, et elle m'emmenait partout dans ses courses pour bien me montrer les beautés du paysage et les souvenirs qui s'y rattachaient dans son cœur.

XIX

Quand les poëtes antiques veulent raconter un événement douloureux, une subite catastrophe, ils appellent à leur aide les divinités qui président à la mort et aux tombeaux. Ils appellent le vent qui gémit le plus plaintivement dans les cordes de la lyre voilée; ils invoquent la lune, amante des morts, et les âmes languissantes des vierges tombées à la fleur des années. La nature tout entière semble partager leur deuil et pleurer comme eux sur le trépas du jeune guerrier ou de la fiancée pudique. Et moi, qui invoquerai-je cette nuit? Ah ! rien que ma propre mémoire, et le simple récit de ce funèbre événement sera lui-même assez lamentable !

— Il y avait huit jours que nous étions à G... et

déjà nous étions connus de ce petit village comme si nous y avions toujours vécu.

Nous passions souvent la soirée chez un vieux pêcheur, le père Farin, dont la fille Juliette avait été, au temps passé, l'une des plus intimes amies d'Anna. Elle ne reconnaissait pas son ancienne amie Angélina, et le père Farin moins encore, car il avait la vue très-affaiblie.

Un soir, nous étions réunis dans la grande salle de la maisonnette, le père Farin venait de raconter une tempête qu'il avait essuyée jadis, quand il était marin de l'État sur la corvette *la Mésange* :

— N'y avait-il pas ici autrefois, lui demanda Anna tout à coup, un pêcheur qu'on appelait Jean Rémy ?

— Jean Rémy est mort il y a deux ans avec son fils dans une bourrasque qui l'avait jeté sur les rochers du Passage où sa barque se brisa. Est-ce que vous l'avez connu ?

Anna me jeta un coup d'œil.

— Un peu, répondit-elle ; n'avait-il pas une fille ?

— Si, Angélina, une bien jolie fille ! mais elle a

mal tourné. On a dû vous raconter ça déjà, car c'est bien connu dans le pays, et quoique la famille soit en terre, on en parle souvent encore.

— Non, répondit Anna, on ne m'en a jamais rien dit.

— En ce cas, si vous voulez, je vais vous raconter cette histoire, mais c'est bien triste.

Là-dessus, il fit l'histoire d'Anna jusqu'à l'âge de quinze ans, et continuant :

— Oui, je le disais souvent au père Rémy : Jean, mon vieil ami, ta petite fille passe trop de temps au bord de la mer, toute seule ; elle est rêveuse, et la mer est de mauvais conseil quelquefois. Mais le père répondait que ce n'était pas son affaire ; qu'il n'avait à s'occuper que des mâles, et que c'était à sa femme, la Pâquette, que revenait l'éducation de la petite. Enfin, on parla de la marier : on voulait lui faire épouser Lorans Gensin, le propriétaire de la métairie du Nivel, qui est au bas de la côte, à cent pas d'ici ; c'était un beau parti d'autant plus que Lorans était un garçon tranquille et rangé, doucelet comme un agneau blanc, et qu'il apportait un bel avoir de trois mille écus avec la maison. Mais, comme on dit, quand le diable s'en mêle, rien n'y fait, et où l'on a planté un beau rosier, on trouve quelquefois un chardon noir. C'est ce qui arriva : la fillette fit connaissance — personne n'a jamais bien su comment — avec un jeune homme qu'on disait de Bayonne, un mauvais blondin avec de petites moustaches et des cheveux frisés ; la tête lui tourna, et quoique Lorans eût bien meilleure mine de toutes façons que le muguet, bientôt elle lui fit la grimace, et un beau matin — comment cela s'est-il fait, on n'en sait rien — quand la maman entra dans sa chambre, elle n'y trouva pas la petite. Mais elle avait laissé un petit billet dans lequel elle écrivait qu'elle avait péché et qu'elle partait pour Paris.

Depuis ce jour, personne n'a plus entendu parler d'elle.

La pauvre mère Pâquette se mit d'abord dans une grande colère, pensant bien qu'elle reviendrait bientôt et se promettant bien de la corriger. Mais les jours se passèrent et la petite ne revint pas. La Pâquette changea alors : elle devint triste, comme le golfe quand il pleut ; puis elle se prit à pleurer ; elle alla à Bayonne espérant encore que sa fille y serait, mais elle ne l'y trouva pas. Plusieurs années suivirent pendant lesquelles son chagrin redoubla, et finalement, elle est morte, il y aura bientôt deux ans, un soir, vers huit heures, presque subitement.

Pour ce qui est du père Jean Rémy, il se mit à jurer comme un possédé quand on lui apprit de quoi il en retournait; il fit une scène à sa femme qui n'y était pour rien, la pauvre vieille ; puis, il défendit qu'on lui parlât jamais de sa fille, disant que cela la regardait seule maintenant, et qu'elle n'était plus de la famille ; et il disait cela avec de grosses injures comme les marins en apprennent sur la mer.

Pendant que le père Farin parlait, Anna, le coude appuyé sur le dossier de sa chaise, penchait sa tête sur sa main et le regardait; ce récit lui faisait une grande impression qui se lisait sur son visage.

— Et vous, dit-elle à Juliette, quand le père Farin cessa de parler, et vous, ne vous rappelez-vous rien d'Angelina ?

— Si fait, repartit Juliette; c'était une amie à moi, et la meilleure ; je pense encore à elle bien souvent ; c'était une bonne fille, quoi qu'on ait dit dans le pays, et si elle a péché, ce n'est pas de sa faute, car une jeunesse, ça ne sait pas. Mais vois-tu, père, je crains bien qu'elle ait été malheureuse tout ce temps, seule comme elle était, et si jeune !

La figure de Juliette était franche ; on y lisait comme dans un livre ouvert ; elle jeta un long regard dans un coin de la chambre où dormait dans un berceau d'osier un petit enfant, en disant :

— Si elle était restée, elle serait la femme de M. Gensin aujourd'hui, car il l'aimait beaucoup, puisqu'en apprenant son départ, il a fait une maladie, et elle serait bien heureuse avec lui, n'ayant pas crainte comme nous autres de le voir périr sur la mer avec la barque, les filets et tout le bonheur de sa famille.

Si jamais une honnête figure refléta l'émotion, c'était celle de Juliette en parlant ainsi. Anna la considérait, les yeux pleins de reconnaissance :

— Vous l'aimiez donc bien, cette Angelina, lui dit-elle en lui prenant la main.

— Mais comme on aime une amie qu'on a depuis la naissance.

— Et vous croyez qu'elle a été malheureuse.

— C'est à croire.

— Eh bien! c'est vrai, dit-elle, elle a été malheureuse près d'une année; elle a pleuré longtemps!

— Vous la connaissez donc, madame? où est-elle à présent?

— Angelina est morte un an après son départ de chez ses parents, répondit Anna gravement, — car elle avait bien souffert.

Je ne savais que penser de ce discours étrange; le vieux pêcheur et sa fille, plus étonnés encore, voulaient lui adresser question sur question et savoir qui elle était, mais comme la pendule vint à sonner dix heures, elle leur dit:

— Je vous conterai cela un autre jour, mes amis; maintenant, il faut que nous vous laissions dormir; moi aussi j'ai bien besoin de me coucher, car vraiment je sens ce soir dans ma poitrine des douleurs qui m'étouffent.

— Deux jours après, nous étions réunis tous les trois autour d'Anna. Elle était couchée dans le lit au fond de la chambre, et fermait les yeux comme dans le sommeil: il était dix heures du matin.

La nuit précédente avait été affreuse. Vers deux heures, je dormais, quand tout à coup je fus réveillé par un grand cri : les rayons de la lune pénétraient à travers la fenêtre et éclairaient la chambre. M'étant levé, je m'approchai du lit d'Anna : les rideaux, interceptant les rayons, le laissaient dans l'obscurité; je n'entendis qu'une respiration forte et entrecoupée; je parlai, elle ne répondit pas. J'allumai la lampe, et je la vis alors qui avait les yeux grands ouverts; le lit était défait, une main tombait toute droite, l'autre, rejetée en arrière, serrait le bois du lit; la chevelure dénouée se répandait sur le drap, encadrant le visage, et, sur mon âme, de ma vie je n'ai rien vu d'aussi terrible.

De longues années auparavant, j'avais assisté aux derniers moments d'un ami, le seul que j'eus : les yeux avaient ce même aspect ainsi que le visage.

Je tombai sur les genoux au pied de la couche et m'écriai :

— O Anna ! Anna ! réponds-moi, réponds-moi que tu n'es pas morte !

Elle ne bougea pas.

Je courus réveiller les gens de l'auberge. On accourut et l'on se pressa autour d'elle pendant que quelqu'un allait chercher le médecin, M. Roger, qui demeurait à quelque distance.

Elle revint à elle avant l'arrivée du médecin, et, nous voyant groupés à son chevet, elle promena sur nous tous des regards brillants et effarés ; puis avec la main elle fit un petit signe et murmura :

— Il me semble que je meurs.

Le docteur arriva assez tard : il était tombé beaucoup d'eau la veille ; les chemins étaient détrempés, ce qui l'avait retardé. Il déclara ne pouvoir préciser un nom à cette maladie qui « présentait des symptômes étrangers aux affections de poitrine ordinaires, définies par la médecine. » Il la soumit néanmoins au traitement des phthisiques, et comme l'agitation et le bruit de l'auberge en rendaient le séjour impossible, le père Farin proposa de la conduire chez lui, dans une grande chambre inoccupée depuis la mort de sa femme.

Elle y fut transportée dès le lendemain.

Cette chambre, — celle-là même où je suis en ce moment, — est des plus simples : un lit est au fond, en noyer, avec des rideaux de serge verte ; les murs sont recouverts d'un vieux papier jaune peint, ça et là, de dessins effacés ; puis, il y a quelques chaises, une table ; au-dessus du lit est suspendu un bénitier avec une branche de buis. Elle est percée de deux petites fenêtres à carreaux étroits, l'une ouvrant sur la mer, l'autre sur la campagne. C'est là qu'était morte la mère de Juliette, et personne n'avait voulu y coucher depuis lors ; aussi plus d'un, en voyant Anna entrer dans cette chambre, fit un signe de croix en assurant qu'on ne retrouvait jamais la santé dans le lit d'un mort. Mais dans ce mauvais village abandonné il n'y avait pas à choisir, et la maison du père Farin valait mieux que l'*Écu d'or*.

Le temps était sombre ; la pluie tombait fine comme une pluie d'automne ; la mer était couverte par les nuages : tout était triste.

Il n'y avait pas de draps blancs dans la maison ; il fallut en aller demander au propriétaire de la métairie, M. Lorans Gensin, le fiancé d'autrefois. Anna souffrait beaucoup. Autre malheur ! il n'y avait pas de pharmacien dans le village ; il fallait aller chercher les médicaments à Saint-Jean-de-Luz, et c'étaient des retards à n'en plus finir. Tout conspirait enfin à hâter cette mort!

Anna cependant conservait une grande sérénité, et comme, sur les avis du médecin, je lui dissimulais son état et cachais mes propres angoisses, nous continuions à causer de nous-mêmes ; elle me disait que cela se passerait comme s'étaient passées les crises précédentes, et que, dès qu'elle pourrait se lever, nous retournerions à B..... Puis, avec une tendre mémoire, elle parlait des premiers jours de notre amour.

— Te souviens-tu, me disait-elle, du jour où tu vins chez moi? J'étais bien malade, alors, plus qu'aujourd'hui, et c'est toi qui m'as guérie. Tu me guériras encore cette fois; tu es si bon! Et cela ne te décourage pas d'être toujours avec une pauvre malade? tu ne regrettes pas Paris? Si tu veux, nous y retournerons le mois prochain, et nous nous y amuserons bien maintenant que je suis libre.

Je flattais sa confiance, et peut-être aussi je partageais son espoir, car je ne pouvais pas me douter, en la voyant si calme, qu'elle touchait aux derniers moments de sa vie. Cependant, que le jour fût brillant ou que la nuit fût sombre, elle ne pouvait fermer les yeux; elle ne mangeait rien et ressentait une telle faiblesse qu'elle pouvait à peine se mettre sur son séant. Sa voix avait perdu ses notes graves, elle était plus aiguë, plus faible.

Afin de dissimuler la nudité de la chambre, j'avais fait mettre partout des fleurs qu'elle aimait beaucoup. Juliette s'était mise à son service avec un entier dévouement, et partageait son temps entre elle et son propre enfant, qui était aussi souffrant dans son berceau.

XX

Quelques jours se passèrent. Les remèdes qu'on appliquait, loin de diminuer le mal, semblaient au contraire en accroître l'intensité. Vers le 20, pendant une nuit, elle fut prise d'une fièvre ardente et se plaignit d'un poids énorme qu'elle avait sur la poitrine : elle demandait toujours à boire.

Je fis venir des médecins de Bayonne et de Bordeaux; ils ne s'accordèrent pas bien sur la gravité du mal ni sur le traitement qui lui convenait. Deux d'entre eux prétendirent que l'air de la mer était trop vif pour les poumons de la malade. Il aurait fallu changer de résidence, mais en ce moment on ne pouvait songer à une translation. Bientôt, tous les symptômes du mal s'aggravèrent : ce furent des cris et des râlements, puis des crachements de sang; une toux étouffée s'y mêla, laquelle était toujours suivie d'un profond accablement; la peau était devenue sèche et rugueuse aux mains, elle se tirait au visage et se couvrait de teintes roses pâles; les veines, d'un bleu noir, se dessinaient fortement au-dessous, et lorsqu'elle toussait, on les voyait se gonfler près d'éclater.

Pendant une semaine, ces horribles souffrances se prolongèrent : bien des martyrs sont célèbres qui n'ont pas tant souffert!

Ce spectacle égarait ma raison : les larmes aux yeux, je suppliais les médecins de lui rendre la vie; je leur offrais tout ce que je possédais en échange de sa santé, et lorsqu'émus de pitié pour elle et pour moi, ils répondaient que tout ce qui était en leur pouvoir, ils le faisaient, je quittais la chambre et j'allais plus loin répandre mes larmes et mes sanglots! Oh! pendant ces nuits lugubres où seul je restais avec elle, à toutes les divinités qu'on adore dans le ciel, j'adressai les oraisons les plus ferventes; je me mettais à genoux au pied du lit, je joignais les mains et je disais les prières que le désespoir me soufflait; je demandais à Dieu de prendre ma vie et d'épargner la sienne; je promettais des cierges et des couronnes à la Vierge; je faisais mille vœux insensés, oubliant qu'au-dessus de tous les pouvoirs est la destinée immuable!

Je priais ainsi une nuit quand Anna, se réveillant tout à coup de son assoupissement, me surprit les cheveux en désordre et les yeux enflammés; elle fit un saut vers moi et m'entraîna dans un si puissant embrassement, que je restai comme collé sur sa poitrine; son cœur battait sur le mien comme le marteau sur l'enclume; elle me serrait ainsi sans dire un mot avec un air sérieux qui m'épouvanta; son regard brûlant de fièvre m'enveloppait comme un grand voile, et ses mains se crispaient sur ma chair; on aurait dit que, sentant la mort qui s'approchait pour nous séparer, elle voulait la défier! Puis, avec une fureur folle, elle me chargea de baisers chauds comme des morsures, et cessant tout à coup:

— Il ne faut pas pleurer, cher petit ; cela te fait mal aux yeux ; pourquoi pleures-tu ? Je ne veux pas que tu pleures, au contraire...

Et d'une main elle arrangeait mes cheveux.

— Tu ne sais pas combien je souffre, dit-elle ensuite avec un douloureux soupir ; c'est comme si l'on m'enfonçait des épingles dans la gorge ; tiens, vois comme j'ai chaud au cœur ; vois comme mes bras sont pesants ! Que disent les médecins, le sais-tu ? Moi, j'ai bien peur qu'avec toutes leurs compresses, leurs eaux et leurs tisanes, ils ne parviennent qu'à me faire souffrir plus encore.

Le lendemain, le docteur D..., après un long examen, me prit par-dessous le bras et me conduisit dans une salle à côté.

— Mon ami, me dit-il, ne vous effrayez pas de ce que je vais vous dire : madame a-t-elle des parents ?

— Non, monsieur, pourquoi ?

Il me regarda et sembla hésiter.

— Parce que, répondit-il enfin, je ne dois pas vous le dissimuler plus longtemps, elle est dans une position telle qu'elle peut cesser de vivre avant trois jours.

Ces paroles tombèrent sur moi comme une décharge électrique. Je reculai.

— Eh quoi ! vous dites qu'elle va mourir !

Le médecin était vêtu tout de noir ; son air grave et solennel, ses cheveux blancs achevèrent de porter le trouble dans ma tête.

— Vous ne pouvez pas la sauver ? lui dis-je.

— Je ferai tout mon possible.

— Oh ! monsieur, je vous en prie à genoux, sauvez-la ; son mal n'est pas incurable, enfin, désespéré ; il y a toujours une ressource ; et puis, voyez-vous, elle est si bonne, si courageuse, qu'elle supportera tout ; mais ne la laissez pas mourir : c'est ma seule famille, mon seul amour sur la terre ! Vous ne voulez pas me tuer, n'est-ce pas ?

Il m'écoutait rêveur, car il comprenait bien, lui aussi, comme tout le monde, que le désespoir de sa mort me rendrait fou.

Je ne voulus pas rentrer dans la chambre d'Anna, ma pâleur m'aurait trahi ; j'allai errer sur la grève, il faisait beau ce jour-là ; la mer d'un bleu sombre étincelait au soleil ; les mouettes aux ailes blanches prenaient leur bain dans l'écume des vagues ; quelques bateaux couraient sur les flots avec des mouvements assez brusques, gonflant leurs voiles grises au vent du nord qui soufflait. Je m'assis sur le sable, entre deux rochers, regardant les petites ondes blanches que le ressac apportait jusqu'à mes pieds, et qui s'en retournaient vers la mer pour revenir, poussées par la houle; je suivis la marche insensible d'un grand bâtiment qui se voyait à l'horizon; mais en moi-même un flot de tristesse montait, montait toujours, de plus en plus m'envahissant.

Je restai plus d'une heure ainsi, la tête dans les mains et les mains sur les genoux, abîmé dans une méditation, ou plutôt dans une rêverie confuse et énervante pendant laquelle mille pensées sinistres défilèrent en mon esprit.

Au retour, je trouvai Anna dormant d'un profond sommeil dont elle était privée depuis longtemps; c'était pour la dernière fois.

Pendant la nuit, en effet, je m'entendis appeler:

— Es-tu-là? disait-elle.

— Oui, Anna, répondis-je.

— Embrasse-moi, mon enfant. Comme tu es pâle

dit-elle en me tenant embrassé, comme tu es pâle! Mais je ne t'ai jamais vu si défait! Tes lèvres sont toutes blanches et tes yeux sont cernés. Est-ce que tu as sommeil?

— Non!

— Tu souffres alors?

— Mais non, je n'ai rien, je t'assure.

— Pauvre petit, je sais bien ce qui te fait du mal! ton pauvre cœur sanglotte tout bas; tout à l'heure tu pleurais; ô mon pauvre enfant chéri...

Elle n'en put dire davantage; d'abondantes larmes coulèrent de ses yeux et inondèrent mon visage, elle pressa ses joues contre les miennes, et longtemps nous restâmes ainsi en silence. Tout à coup, elle s'écria :

— Oh! dis-moi que tu m'aimes bien et que tu ne m'oublieras jamais!

Je m'étais contenu jusque-là, mais à ce cri de son cœur, j'éclatai en sanglots, et sans pouvoir dire un mot, je cachai ma tête dans sa poitrine.

L'effet de cette scène fut trop violent pour elle; elle retomba sans force sur le lit.

Juliette accourut toute tremblante ainsi que le

père Farin et une autre femme qui la soignait : on lui mit des sangsues et au bout d'une demi-heure le sentiment lui revint. Vers deux heures du matin, sentant ses forces de nouveau l'abandonner, elle dit à Juliette qui, ne pouvant résister à la suprême tristesse de ce spectacle, pleurait silencieusement à la tête du lit :

— Ma bonne enfant, si j'existe encore demain, je n'aurai peut-être plus ma raison. Maintenant que j'ai encore assez de force pour parler, laisse-moi te dire ce que j'avais dans le cœur depuis longtemps et que je n'ai pas osé t'apprendre plus tôt. Tu ne m'as pas reconnue lorsque je suis venue ici, et pourtant tu étais ma meilleure petite amie lorsque j'étais Angelina....

A ce nom, Juliette poussa un grand cri :

— Quoi ! madame...

Anna sourit en lui tendant la main :

— J'ai bien changé, n'est-ce pas, depuis huit ans ?

Juliette ne pouvait en croire ses oreilles : elle se décida cependant à aller en avant et à embrasser Anna.

Je ne dirai rien de ce qui suivit : tout le monde était accouru, et, avec de grands yeux pleins d'étonnement et d'épouvante, on regardait « Angélina Remy ». Le jour arriva : la nouvelle se répandit rapidement dans toutes les maisons et beaucoup voulurent voir « la fille du père Jean ». Il fallut leur fermer la porte; Lorans seul put entrer. L'entrevue fut touchante : les nombreuses années qui s'étaient écoulées n'avaient pas entièrement éteint dans l'âme de Lorans le souvenir de son amour d'adolescent; en voyant Anna, il fut violemment ému, et tout le temps sa voix trembla. Je m'étais écarté par discrétion : elle me rappela et me présenta son ancien ami qui me serra la main. Cette visite dura à peu près une heure, et, comme cette conversation, en lui rappelant de tristes et chers souvenirs, l'avait affaiblie, pendant plusieurs heures elle resta sans se plaindre, sans parler. Vers midi, elle appela le médecin et le pria de lui dire la vérité sur son état, déclarant qu'elle avait quelques dispositions à prendre avant de mourir, et que, d'ailleurs, elle sentait sa fin approcher.

Le médecin, avec tous les ménagements d'usage,

lui déclara que probablement elle ne passerait pas la nuit. Alors, elle pria qu'on me laissât un moment seul avec elle; et, quand tout le monde fut sorti :

— Ingenio, me dit-elle, je t'en prie, ne pleure pas.

J'aurais beaucoup de choses à te dire et de très-sérieuses, mais ma voix est bien faible maintenant, mes forces sont épuisées, et du reste l'émotion me briserait la voix.

Hier soir, j'ai profité de ton absence pour écrire sur le papier que voici une sorte de testament où j'ai consigné mes dernières volontés. Quand je serai morte tu l'ouvriras, et, toutes les recommandations qui y sont contenues, tu me promets, n'est-ce pas, de t'y soumettre fidèlement.

Sa voix avait cette gravité suprême qui n'appartient qu'aux derniers adieux. Cependant je parvins à surmonter l'inexprimable douleur qui toujours grandissait en moi, et à comprimer les sanglots qui montaient à ma gorge près d'éclater. Je m'agenouillai au pied du lit sur le tapis; elle se souleva sur ses oreillers, et, de sa voix la plus douce et la plus tendre, me supplia d'avoir du courage. A mesure qu'elle parlait, l'émotion la pénétrait et bientôt sa voix se mouilla de larmes: nous restâmes longtemps étroitement entrelacés, mêlant nos douleurs.

— Nous avions fait de si beaux projets, dit-elle enfin en soupirant, nous nous promettions tant de bonheur ! Dieu en dispose autrement !

Puis, elle me passa au doigt son anneau d'or !

— Garde-le tant que tu vivras; il te rappellera notre amour.

Elle embrassa l'anneau et le doigt comme pour les sceller l'un à l'autre.

— Tu ne m'oublieras pas, n'est-ce pas, mon amour ? tu auras soin de ma tombe, tu y reviendras quelquefois : si tu savais comme je t'aime ! Oh ! mon Dieu, j'avais espéré me rétablir, vivre encore au moins quelques années pour me consacrer à ton bonheur, comme jusqu'à ce jour tu t'es consacré au mien. Cette belle retraite dont tu me parlais, je la voyais souvent dans mes rêves, la nuit : nous étions tous les deux jeunes, beaux, libres, pleins d'amour et de bonheur; il y avait une chambre bleue et rose où nous dormions ensemble dans un grand lit au milieu des fleurs ; je te serrais sur mon cœur, et toi, tu me couvrais de caresses; tu m'appelais ta chère maîtresse, ta reine, ton idole, ta vie, et tu me semblais beau comme un Dieu dans ton ivresse ! Puis, nous nous levions, nous nous prenions par la main et nous courions dans le jardin, tu me cueillais des bouquets de roses et de pervenches; tu me les donnais à genoux, tu m'en parais le front; nous avions une barque sur la rivière ; nous partions le soir au clair de lune faire de longues promenades sur l'eau; tu ramais doucemeut; moi, j'étais à l'arrière; je chantais cette romance que tu aimes tant, tu sais :

Cueillez, cueillez le romarin....

puis, tu abandonnais les avirons, tu te couchais au fond de la barque, la tête sur mes genoux; nous nous regardions longtemps et nos yeux étaient pleins d'amour. — Je t'en supplie, mon ange, ne pleure pas ainsi; tes pauvres yeux sont tout rouges ; — encore un baiser , donne-moi un baiser, — et elle m'embrassait, et toute son âme semblait passée dans ses embrassements.

— C'est égal, il faut remercier Dieu, j'ai été heureuse durant six mois, tant que tu as été avec moi.

Ce petit médaillon que je t'ai donné au mois d'avril, tu le porteras toujours avec toi, dis, toujours, toujours, je le veux, ainsi que le foulard blanc et le petit portefeuille en maroquin; ce seront bientôt des reliques qui te porteront bonheur plus tard. J'ai voulu te dire cela moi-même; le reste tu le trouveras dans mon testament. Encore une prière, mon bien-aimé; si un jour tu te maries et que tu aies une fille, tu lui donneras mon nom, n'est-ce pas, tu l'appelleras Anna, comme moi; je t'aimerai bien pour cela.

Elle éleva les deux mains et les croisa sur ma tête:

— Dieu te récompensera de ton amour! et, m'attirant contre son cœur, les yeux levés vers le ciel avec cette expression de douleur solennelle et de brûlant amour que les vierges martyres montraient devant leurs bourreaux :

— O mon Dieu! dit-elle d'une voix dont rien n'imitera jamais l'inexprimable tendresse: ô mon Dieu! bénissez-le, protégez-le toujours, l'enfant que vous m'aviez donné et dont vous me séparez sitôt!

Et deux larmes coulaient de ses yeux, lentement; elle appuya ses lèvres sur mes lèvres et leur donna un long baiser; puis sur mes joues, sur mes yeux et sur mon front, sur mes cheveux que ses mains pressaient doucement.

Ses dernières forces s'envolèrent dans ce baiser; elle s'affaissa sur les oreillers avec un sanglot déchirant. Je tombai au pied du lit et pris sa main brûlante :

— O Anna, Anna, ne meurs pas, m'écriai-je, ô ma bien-aimée, ne meurs pas !

La porte s'ouvrit en ce moment, et le curé du village, le père Vanier, celui-là même qui l'avait élevée, entra. Son crâne était chauve; une couronne de cheveux blancs entourait le reste de sa tête; son visage était plein de douceur, et ses yeux vifs avaient une grande mansuétude.

Juliette avait été le chercher à l'autre bout du village où était le presbytère, et, tout ému de la nouvelle, le vieillard avait pris son bâton et était accouru. Il se tint debout devant le lit et, à demi-voix, s'entretint avec Juliette, le père Farin et le médecin qui venait de rentrer. Le médecin, ayant passé la main sur le cœur et sur le front, dit :

« Il n'y a plus aucun espoir. »

Je ne sais pas comment je ne tombai pas roide sur le carreau à ces paroles, car elles me donnèrent dans le cœur avec une telle violence que mon sang et ma respiration s'arrêtèrent, et qu'un tremblement convulsif et fiévreux s'empara de tous mes membres; mes dents claquaient comme par un froid glacial.

Le prêtre sortit alors et l'on me fit asseoir dans un fauteuil en paille, près du lit. Le soleil était vif; on ferma les volets pour amortir l'éclat des rayons qui frappaient sur le lit. Juliette pleurait; le père Farin cachait son front dans ses mains, et le médecin lui-même et deux autres personnes qui étaient là sentaient l'émotion les gagner.

Un profond silence régnait, interrompu seulement par les soupirs de douleur qui soulevaient la poitrine de ma pauvre Anna.

Au bout d'une demi-heure, le père Vanier revint; il était en surplis et portait l'étole des sacrements; deux enfants de chœur le précédaient, l'un portant la grande croix d'argent, l'autre faisant par intervalles tinter une clochette au son triste.

Dès qu'ils furent entrés, il se répandit dans la chambre je ne sais quelle odeur qui présageait la mort prochaine; tout prit un air plus triste, plus solennel.

Le prêtre s'avança vers le lit; il prononça quelques mots, Anna ouvrit les yeux et, le voyant, fit un mouvement d'effroi; il parla encore, je vis les lèvres de la mourante qui s'agitaient faiblement; le prêtre fit une prière; puis des saintes huiles il oignit le front, la poitrine, les pieds et les mains; tout le monde était agenouillé; tout le monde pleurait.

Les enfants de chœur se relevèrent, précédant le prêtre; ils repartirent, et quelque temps encore on entendit dans la rue la clochette sonner.

Les aiguilles de la vieille horloge marquaient midi. Jusq'à six heures du soir, Anna ne fit aucun mouvement; sa respiration était extrêmement courte, ses lèvres se rougissaient de sang; elle semblait dormir. Sur les six heures l'agonie commença. D'abord ce fut un long frisson qui parcourut tout le corps comme une étincelle électrique;

les yeux si doux et si limpides se troublèrent, la respiration s'accéléra, accompagnée chaque fois d'un gémissement; la poitrine se mit à haleter, et comme si un poids invisible était tout d'un coup tombé dessus, son corps s'affaissa plus lourdement dans le lit. Éperdu et fou de douleur, je tenais d'une main sa main brûlante, de l'autre je soutenais sa tête sur l'oreiller. Bientôt les frissons se succédèrent plus rapides; les narines ouvertes respirèrent plus bruyamment; le cœur battit avec plus de force et à des intervalles moins longs; les yeux s'animèrent d'un plus vif éclat et regardèrent fixement devant eux; puis elle prononça quelques mots et sourit, sa main remua dans la mienne et elle fit un effort pour se lever; sa tête trop lourde retomba et ses cheveux s'éparpillèrent tout autour. Quelques minutes s'écoulèrent; elle agita les lèvres comme pour donner un baiser, et m'étant penché sur sa bouche, elle me dit : « Je t'aimais bien ! »

Je suffoquais; mes joues brûlaient; mes oreilles bourdonnaient; mais elle, prenant tout d'un coup dans ses mains mes mains tremblantes, les posa sur son sein et dit encore : « Oui, je t'aimais bien, va, mon cœur ! » Et des larmes roulèrent dans ses yeux.

Huit heures sonnèrent alors lugubrement au clocher de l'église. Ce bruit sembla l'effrayer, et, comme le jour devenait plus obscur dans la chambre, elle dit : « Il fait bien noir. »

Dès ce moment, le délire la prit ; au milieu des syllabes incohérentes quelques mots s'échappaient, trahissant les constantes préoccupations de son esprit ; elle parlait de sa mère, de son théâtre, demandait sa robe blanche pour le dernier acte, puis, saisissant brusquement mon bras :

« Il fait beau ce soir, le vent est frais ; va préparer le bateau ; nous irons nous promener. »

Elle disait encore, parlant doucement, la tête de côté comme si elle allait s'endormir :

« Reste ici à côté de moi pendant que je dors ; je suis plus tranquille... » et des phrases lui revenaient qu'elle avait dites quelques jours auparavant, quand nous nous promenions :

« Mon ami, je n'ai rien, rien ; je suis très-heureuse, tu le vois bien. »

Et, rangés autour du lit, nous l'écoutions : Juliette

était à genoux, sanglottant dans son mouchoir, de l'autre côté de la couche ; moi, je tenais ma maîtresse embrassée, et toute ma vie, toutes mes forces s'étaient concentrées dans mes yeux qui, avec terreur, suivaient sur son visage la marche progressive des derniers symptômes.

Le délire ne cessa qu'à neuf heures; crise suprême qui l'avait complétement anéantie!

Alors le père Vanier, qui était revenu depuis quelques instants, lui plaça dans les mains un crucifix, et s'agenouillant, se mit en prières. Il priait la tête levée vers le ciel, les mains jointes au bord du lit, avec une grande ferveur. Hélas! il l'avait vue naître, il l'avait lui-même instruite!

Elle rendit le dernier soupir à neuf heures et demie, en murmurant mon nom et pressant ma main.

XXXI

Maintes fois dans la journée et le soir même on avait voulu m'éloigner pour m'épargner l'horreur croissante de ce spectacle dont la mort devait être le dénoûment inévitable. J'avais secoué la tête et j'étais resté immobile à ma place ; pour rien au monde je n'aurais abandonné son chevet, et dussé-je y mourir, avais-je dit, j'y resterai. Mais quand je la vis morte, quelque chose qui n'a pas de nom dans les langues humaines se passa en moi : des pieds à la tête un frémissement nerveux me parcourut les os, mon cœur cessa de battre, et je fermai les paupières, car je la voyais les yeux grands ouverts, sans regards, mais effrayants, les cheveux de tous côtés répandus, le nez serré, la peau blanche, et dans la bouche, un sourire qui contractait les lèvres et montrait les dents les unes serrées contre les autres.

Et pourtant je ne poussai pas un cri, je ne perdis pas connaissance; mais je le répète, un moment la vie s'arrêta en moi, comme si mon âme s'était envolée avec la sienne !

Quand je rouvris les yeux, je vis tout le monde à genoux, la tête nue, et le prêtre chauve qui disait à haute voix le *De profundis !*

Alors j'éclatai en sanglots et tombai au bas du lit, évanoui...

... Cette première explosion n'était pas dangereuse; au matin, je revins à moi. Je me souvins du papier qu'elle m'avait remis pour l'ouvrir après sa mort : je l'ouvris donc, et le voici :

« ... C'est pour toi que j'écris ceci, Ingenio, pour toi seul.

Lorsque je serai morte, tu prendras dans ma malle la robe blanche que je portais à B... le dernier soir que nous nous promenâmes au bord du Gave. Tu me mettras au front une couronne d'immortelles et sur le visage un voile blanc; aux pieds, les souliers de satin que je portais à ma dernière représentation, et que j'ai toujours gardés comme souvenir; si tu ne le peux, tu chargeras Juliette de ce soin.

Le cercueil devra être en chêne avec des clous d'or : je le rêvais ainsi, quand dans mes mauvais songes, je me voyais morte.

Ne và pas à mon enterrement : cela te ferait trop souffrir.

Je désire qu'on creuse ma tombe à l'angle abandonné du cimetière.

Je te lègue tout ce que je possède en argent et

en bijoux. Juliette a été bien bonne et bien dévouée pour moi, ainsi que son vieux père ; je te les recommande, et aussi les deux femmes qui m'ont soignée.

Tu donneras au père Vanier un de mes portraits, et, pour être distribuée aux pauvres du village, une somme que tu fixeras toi-même. Tu le prieras de penser à moi dans ses prières. J'aurais voulu le voir avant de mourir, mais il est absent du village, et sans doute il ne sera pas de retour avant mon agonie.

Et maintenant, quand ma tombe sera fermée et que tu y auras semé quelques fleurs et versé quelques larmes, ne te complais pas dans ton chagrin. Va en Italie et voyage pendant plusieurs mois ; cherche des distractions dans la variété des vues et des plaisirs ; fais-toi des amis, la solitude ne vaut rien à ton âge.

Tu as été mon ange sauveur, et, grâce à toi, mes derniers jours auront été pleins de charme et de douceur. Tu m'as entourée de tout l'amour qu'il y avait dans ton cœur, et ton dévouement a été sans limites. Grâce à toi, je mourrai heureuse ! Que ce souvenir te console !

Quoi qu'il t'arrive dans la suite des temps, ô mon enfant, je t'en supplie, reviens quelquefois dans ce village où je reposerai ; viens revoir la place où blanchira la pierre de mon tombeau, et, si une femme t'accompagne, ta vraie femme, cette fois, dis-lui bien que là dort celle que la première tu as aimée, et qui est morte en te serrant dans ses bras. Tu lui diras mon nom et ma triste histoire, et tu lui inspireras pour moi quelque sympathie, née de ton amour.

Je voudrais te parler encore, mais ma main tremble et les caractères que je trace deviennent illisibles. Je ne puis m'habituer à cette pensée que je vais te quitter, te laisser seul, triste, pleurant, moi qui aurais voulu faire tous tes jours brillants et dorés ! Cependant depuis si longtemps que je souffre, j'aurais dû prévoir cette fin. »

Il y avait encore quelques lignes, mais je ne pus les lire. Sur le papier, des larmes nombreuses avaient laissé leur empreinte. Pauvre Anna !

Trois fois je relus cette lettre, et trop fois mon cœur trop plein se répandit en sanglots ; je la portai à mes lèvres, et la couvris de baisers ; puis je pris le médaillon, et longtemps le contemplai. C'était un ravissant portrait ! Anna se tenait debout, la tête nue, avec un charmant sourire sur les lèvres ; elle avait une robe blanche !

Je voulus la revoir alors elle-même, et j'entrai dans la chambre funèbre. On avait fermé les volets et il y faisait presque noir.

Le père Vanier vint au-devant de moi ; il me dit quelques mots, et, incapable de lui répondre, je lui tendis la lettre ; il voulut me ramener vers la porte :

— Je veux la revoir, lui dis-je.

Il insista pour m'en détourner ; puis, voyant ma résolution, il me laissa aller. Je ne fis qu'un saut jusqu'au lit : la figure blanche d'Anna se détachait dans l'obscurité ; la mort y avait répandu son calme solennel et poignant, son immobilité, sa roideur, et tout cet air de néant qui épouvante le regard et serre le cœur. On lui avait fermé les yeux. C'est en ce moment peut-être que je souffris le plus. Eh quoi ! elle était morte ! et la veille encore elle parlait ! elle ne parlerait plus, et des hommes viendraient qui la mettraient dans la terre ! Je ne la reverrais plus jamais, jamais! Je saisis alors ses mains : elles étaient froides ; je me penchai sur sa figure que j'enveloppai de mes bras en croisant mes mains sur sa tête, comme je faisais lorsque je lui disais adieu le soir en la quittant ; je lui murmurai ces douces paroles d'amour que nous échangions naguère encore avec tant de ravissement, et, dans ma folie, je la suppliais d'ouvrir les yeux ; mais sa figure était glacée, ses oreilles n'entendaient plus, ses lèvres ne remuaient point, serrées qu'elles étaient par la mort. O désespoir! mes baisers ne la ranimaient pas, et, comme une statue de marbre, quand je la soulevai dans un embrassement, elle retomba avec un bruit sourd sur le lit.

Je me rejetai en arrière, la tête dans mes mains, et, tremblant d'effroi, je m'affaissai comme une masse inerte dans le fauteuil.

J'y restai longtemps anéanti. En rouvrant les yeux, je vis plusieurs personnes qui allaient et venaient dans la salle, et le prêtre qui me suppliait de ne pas rester là.

Je le suivis.

Il me mena dans la campagne, brillante encore des rayons du soleil d'été : il me montra sur les coteaux les vendangeurs perdus dans les vignes, les chars traînés par des bœufs accouplés, des jeunes gens qui chantaient, des femmes qui dansaient, et mille choses encore, les grands arbres, la mer, les Pyrénées ; et comme je ne répondais rien, il me parla du père Rémy et de sa fille ; alors nous causâmes ; il me donna mille détails sur le caractère de la petite Angélina, et me fit confidence du bel avenir paisible et sans nuages qu'il avait rêvé pour elle ; puis il me parla de sa disparition mystérieuse, et, voyant que ce sujet m'intéressait et me rendait attentif, il finit par me demander le reste de son histoire. Je le fis brièvement, et dans cette confession de la douleur, je lui dis combien je l'avais aimée, combien elle était bonne, combien notre amour était saint, et je terminai : « Elle est au ciel maintenant ! »

Nous continuions à marcher. Je lui demandai s'il avait lu la lettre :

— Oui, répondit-il, et tout ce qu'elle a demandé sera exécuté de point en point, selon sa volonté.

Je le remerciai avec des larmes et lui annonçai que le soir même je lui remettrais tout ce qu'Anna avait laissé en argent pour qu'il en fît la distribution à ses pauvres.

Insensiblement nous nous étions rapprochés du village : d'un côté, le clocher de l'église découpait dans le ciel sa silhouette grise ; de l'autre, la maison du père Farin nous apparaissait, avec ses contrevents fermés, pleine de silence et de mystère, comme un sépulcre ; le soleil se couchait, et la mer, dont nous suivions le rivage, faisait à notre gauche un bruit doux comme un gémissement en roulant sur le sable.

Huit jours auparavant, je marchais de même avec elle au bord de l'onde bleue, avec quelle gaieté, quelle insouciance ! Tout me paraissait vivant, bourdonnant, magique ; j'aimais tout ! Au pied de cette roche, je lui avais cueilli les fleurs tardives de l'été, et maintenant !... Rien n'avait changé dans l'herbe ; l'eau avait son même azur, le ciel ses mêmes nuages ; mais elle, elle était morte et j'allais comme un aveugle dans une solitude désolée.

Nous rentrâmes.

Deux cierges brûlaient de chaque côté du lit et éclairaient la chambre d'une lumière pâle; sur la table était un vase contenant l'eau bénite, et, à côté, divers autres menus objets.

Elle était exposée sur le lit dans sa robe blanche, avec ses souliers de satin; ses mains étaient croisées sur sa poitrine ; sur ses cheveux noirs, la couronne des pâles immortelles, et, sur son visage, le voile de mousseline qui descendait jusqu'aux genoux! Les fleurs que, selon la coutume, on avait répandues la veille dans toute la chambre, retombaient fanées sur leurs tiges et remplissaient l'air de leurs dernières exhalaisons; l'odeur particulière de la cire s'y mêlait, et ces senteurs, dans ce lieu lugubre, vous pénétraient de je ne sais quel effroi involontaire.

Je voulus contempler une dernière fois ces traits si aimés et je relevai le voile : la mousseline froissée cria sous mes doigts! L'horrible contraction des muscles qui m'avait épouvanté à l'heure de la mort avait disparu. Maintenant elle semblait dormir du plus doux sommeil.

Oh! quelle ravissante et idéale beauté! quel charme suprême dans cette tête immobile!

Quoi que je fasse depuis lors, quand je ferme les yeux, c'est toujours ainsi que je la vois morte sur son lit!

Je passai toute la nuit auprès de ma maîtresse morte, serrant dans une dernière étreinte son pauvre corps inanimé! et pendant cette veillée funèbre, pendant que lentement s'écoulaient les heures, enfantée sans doute par la terreur, une étrange vision troubla ma raison.

Comme dans les temps antiques, les femmes, traînant de longues robes blanches et la face voilée, descendaient lentement les marches du *Columbarium* en portant sur leurs épaules les urnes funéraires de la famille; ainsi, dans une procession mélancolique, sous des apparences multiples, les diverses époques de ma vie défilèrent devant moi. Elles passaient comme des fantômes légers, l'une souriante et les fleurs de la jeunesse au front, l'autre attristée et souffrante; l'une avec son chaud soleil, l'autre avec son froid brouillard, et elles arrivaient à une fosse béante où elles disparaissaient.

Durant cette longue séance, chose extraordinaire, aucun signe extérieur ne trahit mes mortelles angoisses ; mes yeux se fermaient, ma bouche se taisait, et ma tête, dans un complet désarroi, ne rêvait que chimères ; j'étais comme le passager qui, sentant les premières atteintes du mal de mer, croit voir le ciel tourner, le navire s'enfoncer, des monstres informes l'entourer, tandis qu'un indéfinissable malaise déchire ses entrailles et le jette sans force sur le pont.

XXII

J'étais encore dans la chambre quand les ouvriers entrèrent portant la bière. A cette vue, ma torpeur se dissipa comme par enchantement, mes veines battirent avec force, et comme poussé par un ressort, je me levai droit. Quelqu'un me dit : « Il ne faut pas rester ici, » et l'on voulut m'entraîner.

« Oh ! laissez-moi là, leur dis-je, laissez-moi, » et j'embrassai avec frénésie ses joues glacées en versant un torrent de larmes..... On m'emporta.

De l'endroit où j'étais, j'entendis encore les coups

secs du marteau clouant le cercueil, et c'était comme si l'on m'eût cloué moi-même sur une croix

J'ai beau recueillir mes souvenirs et fouiller dans ma mémoire, je ne ne me rappelle rien des quatre heures qui suivirent.

Toujours est-il qu'à onze heures, quand le clergé arriva pour procéder à l'enterrement, je me trouvai habillé, prêt à le suivre. Des personnes compatissantes m'engagèrent instamment à rester dans la maison, mais j'avais résolu d'aller jusqu'au bout; je trouvais dans l'excès même de mes douleurs une sorte d'amer plaisir qui me soutenait, et puis, malgré tout, je voulais voir, et puisque tant d'indifférents qui l'avaient à peine connue suivaient son convoi, moi, qui m'étais fait un avec elle, je ne voulais pas qu'un autre que moi conduisît son deuil, et, quitte à rouler dans la fosse en y arrivant, je l'accompagnerais jusque-là.

Cette journée du 29 septembre fut la digne fin, le digne couronnement d'une vie toute d'épreuves, je puis le dire. Je m'étonne d'y avoir survécu!

Ils sont bénis du ciel ceux que la douleur brise d'un seul coup comme un éclat de verre, et qui, pâmés sur le cadavre d'une fille ou d'une amante, sont eux-mêmes saisis par la main glaciale de la mort et exhalent leur âme dans un dernier baiser!

L'ouragan qui passe sur la forêt ne déracine pas tous les arbres : aux uns il arrache les feuilles, aux autres les branches, et souvent aussi il en ploie quelques-uns par le milieu avec une telle violence qu'ils ne se relèvent jamais. Mais longtemps encore ils crient dans la nuit, et ce bruit, chargé de plaintes et de gémissements, est plein d'épouvante : tout autour de l'arbre se fait un grand cercle désert redouté de l'oiseau et de la bête errante. L'ouragan m'a ployé comme l'arbre, et comme l'arbre je crie dans ma nuit sombre !

Quelques lignes me restent encore à écrire, et, quand ce sera fait, je fermerai ce manuscrit, et de moi ensuite advienne ce que Dieu voudra. Que m'importe !

La maison du père Farin et l'église sont, je l'ai déjà dit, situées aux deux bouts opposés du village, de sorte que, pour aller de l'une à l'autre, il faut parcourir toute la ligne de maisons qui s'étend le long de la mer et forme à elle seule ce hameau. On se rangea d'abord sur deux haies devant la maison, au milieu de la petite cour qui la précède, et où l'on avait descendu le cercueil qui posait sur deux tréteaux, recouvert d'un drap noir au milieu duquel se détachait une grande croix blanche dont les bras retombaient de chaque côté. Puis quatre jeunes gens l'ayant enlevé, le prêtre commença à chanter, et l'on se dirigea vers l'église. J'allais seul derrière le cercueil et, plus loin, venait la foule assez nombreuse.

J'avais les yeux secs et je marchais machinalement, comme un automate, l'esprit ailleurs, je ne sais où, peut-être nulle part.

L'église était tendue de noir, très-sombre, et les bougies qui brûlaient sur l'autel et dans la nef avaient une triste lumière d'enterrement.

La bière, chargée de couronnes jaunes, blanches et noires, était au milieu de la nef, entourée de grands cierges. Je vois encore tout cela vaguement, comme si je l'avais rêvé. Mais il arriva un moment où je fus pris comme d'une défaillance soudaine en entendant une hymne que les chantres à pleins poumons entonnaient.

Bien des fois, au théâtre, j'avais entendu Anna chanter un cantique tout semblable : elle était nonne blanche et voilée, et, dans la coulisse elle chantait :

> Les amours de la terre
> Ont bien vite passé !

Je fermais les yeux dans un grand recueillement pour mieux entendre sa voix, qui, pleine d'une majestueuse grandeur, retentissait comme la voix d'une prophétesse : tout le monde était dans l'admiration ; c'était là son triomphe ! Et la nonne était aujourd'hui glacée, et, sur son cercueil, sur notre amour brisé, les prêtres d'une voix profonde entonnaient son hymne de mort !

O Dieu terrible ! des moments si doux devenir des souvenirs si affreux !

Peu à peu, suffoqué par les sanglots qui mouraient dans ma gorge, par l'odeur de l'encens qui fumait autour du cercueil, par la fumée stupéfiante des cierges qui montait jusqu'au ciel, par les psalmodies du prêtre et tout le lugubre appareil qui m'entourait, je me sentis au cœur un tel vide que je crus qu'enfin j'allais perdre l'âme.

On se levait cependant; et, en chancelant comme le condamné qui monte à l'échafaud, je suivis le corps; il me semblait que de son cercueil elle me tirait après elle, par fascination.

Le cimetière est sur une petite côte à une centaine de mètres de l'église, et l'on y va par un sentier assez large et tortueux où les chars à bœufs ont creusé de chaque côté de profondes ornières.

A mesure qu'on approchait du terme fatal, mes forces de plus en plus m'abandonnaient. Le ciel était gris d'ailleurs, et le vent des Pyrénées soufflait déjà froid : jour d'automne précoce, triste comme si le ciel s'en mettait.

On traversa tout le cimetière : à droite et à gauche des croix de bois noir modestes et inclinées se succédaient. Selon le vœu d'Anna, sa fosse avait été creusée tout au bout du champ de repos, au pied même du mur d'enceinte, loin des autres.

Et maintenant qu'ajouterai-je ?

On déposa le cercueil sur le gazon et on enleva le drap; sur la couleur sombre du chêne les clous dorés se détachaient comme des étoiles. C'est une chose effrayante qu'un cercueil devant une fosse noire !

Puis, on le porta jusqu'à l'ouverture béante ; et enfin, on passa dessous deux grosses cordes, et un moment après, j'entendis un bruit sourd dans la terre : il était arrivé.

Requiescat in pace, dit le prêtre d'une voix lente, et il jeta sur la fosse une touffe de gazon : il en sortit un son lugubre. Le prêtre, ayant aspergé la fosse, me tendit le goupillon ; je le pris et, m'étant penché en avant, je vis la bière dans la profondeur obscure ; alors le vertige me prit ; j'étendis en avant mes mains crispées, et les yeux fermés, égaré, comme le désespéré qui se jette dans un fleuve, je poussai un cri d'horreur et tombai sur le sable......

..... Quand je me réveillai, j'étais chez le père Farin : il faisait nuit ; à mon chevet un homme noir priait, le père Vanier. De tout ce qui s'était passé il ne me restait qu'un souvenir confus ; peu à peu cependant la mémoire me revint, et des larmes abondantes s'échappèrent de mes yeux. — Je pleurai jusqu'au matin sans dire un mot, sans lever la tête.

Puis, au chant des pêcheurs qui partaient, je me levai et sortis de la maison.

Toute la journée, j'errai sur la grève : les mendiants que je rencontrais sur le chemin, nu-pieds et hâlés, traînant leurs misérables guenilles et s'appuyant sur des béquilles cassées, me paraissaient heureux et leur sort me faisait envie. Pour moi, il n'y avait plus de soleil, plus de chaleur, plus de verdure, plus de couleur ; l'immensité de la mer et la profondeur du ciel ne m'inspiraient rien que la tentation de m'y engloutir. — Je passai de longues heures, perdu au milieu des rochers, dans les endroits les plus escarpés et les plus sauvages de la côte, écoutant le rauque mugissement du ressac, et suivant de l'œil les vagues qui s'amoncelaient, s'entre-choquaient, et, dans leur choc, se brisaient avec un grand fracas qui ébranlait la base des écueils. Le portrait d'Anna ne me quittait pas ; je le mettais sur mes genoux et je le contemplais longtemps ; il me rappelait tous les heureux jours passés, les scènes enivrantes d'amour, et les douces paroles, les tendres sourires, les regards adorés de celle que la mort cruelle m'avait arrachée des mains! J'étais pris d'une sombre misanthropie; je regardais tous les hommes comme des ennemis sanglants, et, sitôt que de loin j'en apercevais un, je fuyais autre part. Ne sont-ce pas eux qui ont fait tout son malheur, eux qui lâchement l'ont perdue, brisée, tuée! Ah! le ciel leur avait fait un beau joujou; brutes stupides, ils l'ont mis en pièces!

Et dans mon désespoir, tantôt à grands cris, tantôt d'une voix suppliante, j'appelais Anna; je la faisais revivre devant moi; je voulais la prendre dans mes bras, la mettre sur mes genoux, et la caresser, l'embrasser encore; hélas! et j'étais seul au bord de la mer!

La nuit vint avec son cortége de brillantes étoiles et sa belle lune aux rayons incolores; j'étais monté au plus haut d'une roche qui dominait au loin la mer et la campagne; mille bruits divers sortaient de toutes parts autour de moi comme un grand concert nocturne. Tout à coup, un chant s'éleva à ma droite:

Sonnez la grande cloche,
Ave Maria;
Ce soir, c'est la fête.....

C'était le même chant triste que nous avions entendu un certain soir, un beau soir ! en nous promenant après une journée d'amour. Je m'enfuis comme si un chœur de démons fût sorti de l'abîme à mes pieds ; je m'enfuis, et, dans la nuit, au milieu des sables trempés, je courus par-dessus les pierres et les ronces, hagard, épouvanté, comme le meurtrier poursuivi par une ombre vengeresse.

Et je m'enfermai dans cette chambre où elle était morte, et depuis je n'en suis plus sorti qu'une seule fois... pour aller à son tombeau ! J'y entrai en appelant la mort ! et sur le lit froid qui gardait encore l'empreinte de son corps, je me tordais avec des cris de rage ; j'enfonçais ma tête dans l'oreiller que j'embrassais en l'inondant de larmes, et je parlais à tort et à travers, suppliant et hurlant !

On frappa à la porte ; je répondis que je n'ouvrirais pas, et qu'ils n'eussent pas peur : je ne me tuerais pas ! Puis, sur la table, je rangeai avec un grand soin tout ce qui me restait d'elle : son médaillon, son portrait de jeune fille, la mèche de ses cheveux, son petit portefeuille, ses dentelles, ses bijoux, tout ce qu'elle avait touché, tout ce qu'elle avait aimé ! Je leur adressais des discours à ces objets si chers, je leur parlais comme je lui aurais parlé à elle-même, et je leur donnais des baisers.

Au milieu du jour, Juliette, de force, entra et me demanda si je voulais manger ; je dis que non ; elle déposa sur la cheminée du pain et des fruits, et s'éloigna avec un grand chagrin.

Le lendemain, de bon matin, je m'acheminai vers le cimetière par le sentier tortueux et effondré ; quelques laboureurs le suivaient en béret rouge et veste courte, armés de grands aiguillons dont ils piquaient leurs bœufs ; ils allaient cultiver leurs champs, le préparer pour la moisson prochaine ! et ils causaient entre eux joyeusement de femmes, d'amour, de je ne sais quoi !

J'allais vite et je les eus bientôt dépassés.

Rien n'est plus triste qu'un cimetière de village avec ses pauvres croix rongées des vers, son gazon haut et touffu, bien nourri ; son terrain inégal, ses pierres plates brunies par le temps !

Je suivis l'étroit sentier et j'arrivai à la place où

elle dormait pour toujours! On avait foulé le sable pour le tasser dans la fosse, et les pieds du fossoyeur y avaient laissé de profondes empreintes. J'avais bien souffert depuis une semaine, mais pas autant, je crois, qu'en ce moment! Si j'avais aperçu le fossoyeur, je l'aurais certainement lapidé!

Sous quatre pieds de terre — Ma belle est enterrée,
Ma belle aux cheveux d'or, — Que j'embrassais hier!
Hélas! il fait bien froid!

O père Farin, vieillard conteur, c'est vous qui nous disiez cette légende, un soir, vous en souvenez-vous, cette légende basque si émouvante!

Comme il traînait la voix pour réciter en leur patois ces vers qui revenaient en refrain après chaque phrase!... Hélas! ils me revinrent en mémoire, tandis que je regardais la tombe, à genoux sur le sable! Elle était là, sous mes pieds, serrée étroitement dans la terre, la belle aux cheveux d'ébène, au sourire d'ange, au cœur pétri d'amour qui me réchauffait de son haleine et me fermait les yeux avec ses lèvres plus douces que le velours!

Et il me semblait qu'une voix venue du fond de la terre répétait mon nom et qu'Anna elle-même sortait de son cercueil, les bras vers moi étendus, légère et les yeux enflammés !

C'était le délire qui commençait. Pendant huit jours, dans la maison en deuil du pêcheur, je fis retentir mes cris de désespoir ; ma raison s'était troublée et ma tête égarée roulait des yeux farouches ; ma bouche ne disait plus que des lambeaux de phrases dénués de sens et pleins d'épouvante.

On m'a rapporté tout cela depuis ! J'étais entre la vie et la mort ; on pensait généralement que j'allais mourir ou devenir fou.

Il n'en fut rien !

Le 13, je me levai et je priai qu'on me laissât seul.

Le médecin ordonna qu'on m'obéît. Le froid étant devenu plus vif, on alluma du feu dans la cheminée.

Depuis ce jour, comme Sisyphe roulait son rocher dans l'enfer, je roule dans ma tête les plus noires, les plus sinistres pensées. J'y succomberai sans doute !

Ah ! l'amour ! l'amour ! qui donc en a fait un enfant blanc et rose, joufflu et potelé, avec un carquois d'or sur l'épaule et de jolies flèches à la main? Qui l'a représenté sous cette forme frivole et ridicule, triste caricature du plus divin de nos sentiments, conception dérisoire enfantée sans doute dans les vapeurs par un troubadour aviné !

L'amour tel que je l'ai senti, tel que je le comprends, ô Dieu ! et tel que je le peindrais si je tenais un pinceau, c'est l'amour saint et durable, le seul vrai : la campagne serait déserte et l'arbre sans feuillage, une tombe s'élèverait dans un champ brulé, et, près de cette tombe, à genoux, et les yeux avec désolation tournés vers le ciel, un homme jeune et tout de noir vêtu se tiendrait silencieux !

Mais pour cette guenille païennne de l'enfant Éros, qu'il n'en soit plus question ! Ils ne sont pas joufflus ceux que l'amour possède !

XXIII

Maintenant ma tâche est achevée et il ne me reste plus qu'à attendre la volonté du sort.

Dois-je vivre encore ou mourir, Dieu décidera !

Vivre encore et pourquoi faire ? Errer comme un

insensé dans la foule, ou, comme font les autres, chercher une position solide et la considération publique ; oublier mes jeunes et belles amours pour en poursuivre d'autres insipides et fausses ; épouser une femme aimable et conclure comme les contes en vivant heureux et faisant beaucoup d'enfants, me survivre à moi-même, devenir un autre homme ! oh! non jamais! Non, je ne te renierai pas, ô Anna ; je garderai dans mon cœur le cher et sacré trésor de notre amour ! jusqu'au dernier jour de ma vie je conserverai ton image, je l'adorerai à genoux comme je t'adorais toi-même ; tu auras toutes mes prières et toutes mes pensées, ton souvenir toujours fidèle m'accompagnera et chassera loin de moi les pensées mauvaises, les funestes inspirations ! Oui, tu seras, tu seras mon éternelle compagne !

Les amours de la terre ont bien vite passé ; le nôtre jamais ne cessera ; à la hauteur sereine où planaient nos âmes enlacées, la mort n'arrive pas !

Cependant je souffre, et beaucoup ! Je ne puis dire ce que j'éprouve ; mon corps n'a plus de vigueur, ma tête n'a plus de pensées ! Mon visage est flétri ; mes yeux sont ternes, vitreux ; la fièvre brûle mes membres, dessèche ma langue. Comme les corbeaux noirs volent autour des hauts clochers, des chimères grimaçantes, des hallucinations terribles tournoient autour de ma tête et font dresser mes cheveux !

Je me lève épouvanté et je retombe brisé : c'est un affreux cauchemar !

J'ai ouï dire qu'un voyageur entra la nuit dans une maison déserte qu'entourait un bois sinistre ; le vent gémissait lugubrement au dehors ; les vieilles branches criaient en se déchirant, le ciel était noir, et la solitude partout régnait ; il s'assit au foyer attendant l'aurore. Mais voici que minuit sonne : soudain autour de lui se dressent des spectres qui sortent de terre ; avec un rire affreux ils dansent en rond entre-choquant leurs os, et, à chaque coup qui sonne, tous étendent vers lui leurs mains décharnées, et arrachent un lambeau de sa chair, une touffe de ses cheveux, un ongle de ses doigts ; et, quand le dernier coup sonna, du voyageur il ne restait plus qu'un squelette hideux, qui avec les autres s'engloutit dans le sol !

Eh bien ! je suis semblable au voyageur intrépide ; dans ma solitaire demeure, j'ai vu surgir les fantômes qui m'ont déchiré la chair et le cœur avec un rire effroyable ; j'ai râlé sous leur morsure horrible ; ils m'ont fait squelette, et bientôt, oui, bientôt, sonnera l'heure douzième où je disparaîtrai dans la nuit entraîné par leur bande infernale !

Ce qui me cause le plus de tourments, c'est la fatale idée qui, malgré moi, invinciblement, me poursuit.

Anna est dans la terre, enfouie, et les vers la rongent ! Cela me rend fou : l'horrible image est devant mes yeux ! Et puis, c'est autre chose ; il fait bien froid dans ce voisinage de montagnes : comme elle doit souffrir dans son linceul ! Souvent aussi, comme dans un rêve, elle m'apparaît ! Le ciel est bleu, les étoiles étincellent ; et elle, le front ceint d'une couronne lumineuse, dans le pur éther elle vole, comme l'ange des nuits, légère et vaporeuse ; ses yeux brillent d'un éclat surnaturel, son visage resplendit d'une beauté céleste, et ses cheveux, flottant sur ses blanches épaules, répandent de doux parfums ! Elle s'arrête devant moi, prend ma main, sourit et touche mon front ! Alors je m'éveille et tout s'évanouit !

Je ne sais que penser de ces étranges visions! Mon Dieu, ayez pitié de moi !

Plusieurs fois déjà j'ai pris la résolution de quitter ce lieu maudit, d'obéir à son testament, et de voyager partout, comme le Juif errant.

« Reviens à moi, me suis-je écrié, reviens à moi, ô toi qui m'as bercé, toi qui m'as accompagné sur les plages sonores de la mer, dans les bois touffus, sur les chemins poudreux, partout et toujours; toi, muet confident qui as entendu mes premiers cris, reçu mes premières larmes, et qui, même dans la foule bruyante, toujours m'as guidé ! Bien des fois, fatigué de ta présence, j'ai maudit mon sort, j'ai éclaté contre toi en imprécations; tu souriais, et, t'enveloppant plus étroitement dans tes noires draperies, tu continuais à me montrer la route! Je te connaissais de si loin que je ne te craignais plus ! Un jour cependant tu t'envolas ; je n'étais plus seul; une femme, douce et belle créature, avait pris ta place ! Elle est morte, et tu peux revenir; oui, prends ta plus triste et soucieuse figure, ceins ton front d'épines noires, lève tes yeux au ciel, et marche où tu voudras, montre-moi le chemin ; je reviens à toi et jamais je ne te quitterai, ô morne fantôme ! »

Je disais ; et autour de moi je ne voyais rien qu'une chambre sombre et des meubles boiteux, un lit aux rideaux fermés, et, plus loin, une campagne dépouillée ! L'abandon était revenu ! Comme le Commandeur, il m'a tendu sa main glacée, et le froid de la mort m'a saisi.

Priez pour moi, âmes des morts !

. . . .

Mais ma lampe pâlit ; le jour va paraître. Depuis le jour où j'ai commencé ceci jusqu'à ce jour où je finis, douze fois le soleil s'est levé. Il y a aujourd'hui même un mois qu'Anna n'est plus.

Comme l'oiseau des bois qui vole en criant sur l'abîme où sa compagne a disparu et finit par y tomber lui-même, j'irai m'agenouiller et prier au tombeau de mon amie, trop heureux si le ciel propice écoute ma dernière prière, et me couche à côté d'elle dans la tombe ! Là du moins pour toujours nous serons réunis !

XXIV

AU LECTEUR

Quelquefois en suivant les allées des cimetières, on rencontre, sur certains tombeaux, des inscriptions qui témoignent d'une profonde douleur de la part des survivants. Sur la tombe de sa femme un jeune mari écrit :

« Ici repose la meilleure des épouses ; elle laisse un mari inconsolable ; » et plus bas :

Dieu veuille que nous soyons bientôt réunis !

Le passant s'arrête ému et, en son âme, admire cette tendresse exemplaire ; puis, un jour, il apprend avec surprise que cette femme est morte depuis plus de quarante ans et que son mari, plein de santé et de bonne humeur, a convolé en secondes noces deux ans après, et a monté un magnifique établissement qu'il gère conjointement avec *son épouse*.

Laissé à lui-même, le lecteur qui s'est peut-être intéressé à notre héros, pourrait croire qu'il a fait une fin aussi raisonnable, et que son désespoir s'est peu à peu calmé sous la triple action du temps, de la jeunesse et de la réflexion.

Qu'il nous soit donc permis d'ajouter un court chapitre au manuscrit, et de raconter quelle fut la fin véritable de cet amour profond comme la mer, plein d'exaltation comme l'amour d'un sauvage des grandes prairies.

Le 29 octobre, vers le soir, l'amant d'Anna sortit de sa chambre désolée. Il erra quelque temps sur le rivage de la mer, dans un sombre abattement; tantôt, il appuyait son coude contre un rocher, et restait longtemps plongé dans une méditation profonde; tantôt il regardait les flots, et, comme pour s'y précipiter, se penchait vers eux; puis son regard s'animait, et, d'une voix basse et pleine d'amour, il répétait : Anna ! Anna ! — Il regardait autour de lui et ne voyait rien !

A la tombée de la nuit, il se dirigea à travers les champs et les vignes vers le cimetière.

Le vent du soir, tout imprégné des âcres senteurs de la mer, inclinait doucement les branches noires des cyprès ; la lune se levait au ciel et sa lumière douteuse blanchissait les pierres des tombes. Un silence religieux régnait dans l'enceinte funèbre.

Il s'agenouilla sur la pierre froide; et pendant de longues heures, il resta à moitié couché sur la tombe, la tête cachée dans ses bras. D'instants en instants, un rapide frisson agitait tout son corps.

.... Un peu après onze heures, la lune se voila et le vent devint plus fort : un bruit lugubre comme un râle d'agonisant sortit des cyprès : alors il leva la tête. Sur la croix qui surmontait la tombe d'Anna, un feu jaune et bleu dansait.

L'infortuné poussa un cri terrible, et ses deux bras, avec une ardeur convulsive, enlacèrent la croix.

.... Le feu léger descendit sur sa tête et courut sur ses cheveux.....

Partout régnait un grand silence.

. . . .

. . . .

. . . .

. . . .

Quand le fossoyeur entra dans le cimetière à cinq heures du matin, il le trouva étendu sans vie au pied de la tombe, la face tournée vers le ciel.

Une mèche de cheveux noirs était dans sa main.

Il fut transporté au village et enseveli, a côté de sa maîtresse, au commencement de la nuit.

Personne ne suivait le cercueil.

Décembre 1864.

FIN.

TABLE ALPHABÉTIQUE

DU CATALOGUE

DE LA LIBRAIRIE ACHILLE FAURE, 23, BOULEVARD SAINT-MARTIN.

ANONYMES.

Mémoires d'une biche anglaise. 1 charmant volume orné du portrait de l'héroïne des Mémoires, photographié par Pierre Petit.. 3 fr.

Une autre biche anglaise. Suite du volume précédent. 3 fr.

La France travestie, ou **la Géographie apprise en riant.** *Carte drôlatique et mnémonique*, reproduisant en vers burlesques la nomenclature exacte et complète des 92 départements de France et d'Algérie et de leurs 385 préfectures et sous-préfectures. 1 joli volume in-18 raisin, orné d'un frontispice illustré.. 1 fr.

Plan de Paris (magnifique plan Furne), mis au courant de tous les derniers changements.

En feuilles...........................	2 fr. 50
Cartonné............................	3 »
Cartonné et collé sur toile.............	5 »

ARNOULT (EUGÈNE D').

La Guerre de Pologne en 1863, précédée d'une préface par ALFRED MICHIELS. 1 vol. in-18 jésus.................. 3 fr.

ASTRIÉ.

Les Cimetières de Paris, guide topographique et artistique. 1 volume orné de 3 plans.............................. 2 fr.

BARBEY D'AUREVILLY.

Un Prêtre marié. 2 vol. in-18 jésus................ 6 fr.

BLANC (Casimir).

Jeanne de Valbelle, roman de mœurs intimes d'un grand intérêt. 1 volume in-18 jésus, orné de 2 gravures sur bois. 3 fr.

BLANQUET (Rosalie).

La Cuisinière des ménages. 1 beau vol. cartonné... 3 fr.

BRÉHAT (de).

Un Mariage d'inclination. 1 vol................ 3 fr.

BRIDE (Charles).

L'Amateur photographe, *Guide usuel de photographie*, à l'usage des gens du monde ; manuel essentiellement pratique, orné de nombreuses vignettes explicatives, et suivi d'un abrégé de chimie photographique........................... 3 fr.

CLARETIE (Jules).

Les Ornières de la vie. 1 volume in-18 jésus, orné de deux vignettes sur bois................................ 3 fr.

COMETTANT (Oscar).

En Vacances. 1 beau et fort volume in-18 jésus, orné de deux grandes vignettes sur bois.......................... 3 fr.

L'Amérique telle qu'elle est, voyage anecdotique de Marcel Bonneau dans le nord et dans le sud des États-Unis, avec une excursion au Canada. 1 beau volume in-18 jésus, avec deux jolies vignettes sur bois.............................. 3 fr.

Le Danemark tel qu'il est, ses mœurs, ses coutumes, ses institutions, ses musées, souvenirs de la guerre, etc., etc. 1 vol..................................... 4 fr.

CONTY (de).

Paris en poche. Guide pratique dans Paris, illustré de nombreuses gravures. Un volume élégamment cartonné....... 4 fr.

Londres en poche. Guide pratique du voyageur à Londres. 1 volume élégamment cartonné........................ 4 fr.

Plan de Londres, Guide indicateur instantané...... 1 fr. 25

Les bords du Rhin en poche. Guide pratique et illustré. 1 volume élégamment cartonné........................ 5 fr.

Guides pratiques des voyages circulaires, rédigés sous les auspices des Compagnies.

Belgique et Hollande.................. 3 fr.
Bords du Rhin........................ 3 fr.

CORTAMBERT (Richard).

Impressions d'un Japonais en France. 1 vol. in-18 jés. 2 fr.

Aventures d'un Artiste dans le Liban. 1 vol.... 3 fr.

DAURIAC.

La Télégraphie électrique, son histoire, ses applications en France et à l'étranger, suivie d'un tableau des tarifs internationaux et d'un manuel pratique de l'expéditeur de dépêches. 1 vol. in-18 jésus..................................... 1 fr. 50

DELVAU.

Françoise. 1 joli volume in-32 jésus, avec une eau-forte de Thérond...................................... 1 fr. 50

Il a été tiré de ce livre 22 exemplaires numérotés, sur papiers de Chine et de Hollande.

Le Fumier d'Ennius. 1 vol. in-18 jésus............. 3 fr.

DESCODECA DE BOISSE.

Louis de France (Louis XVII), poëme épisodique suivi de documents historiques et justificatifs. 1 beau volume in-8°, imprimé à l'Imprimerie Impériale.................... 7 fr. 50

DUSOLIER (Alcide).

Nos Gens de lettres, *critiques et portraits littéraires*. 1 vol. in-18 jésus.................................... 3 fr.

ÉNAULT (Étienne).

Les Drames du mariage. 1 vol. in-18 jésus......... 3 fr.

FEUTRÉ (Angély).

Une Voix inconnue. 1 volume................... 2 fr. 50

GAGNEUR.

La Croisade noire. 1 fort volume in-18 jésus....... 3 fr. 50

GLATIGNY (ALBERT DE).

Vers les saules, comédie en un acte, jouée à Vichy.... 1 fr.

GONZALÈS (EMMANUEL).

Les Sabotiers de la forêt Noire. 1 vol. in-18 jésus, orné de deux vignettes.................................... 3 fr.

GOURDON DE GENOUILLAC.

Comment on tue les femmes. 1 vol. (*sous presse*).

GRANGER (ED.).

Fables nouvelles. 1 vol. in-18 jésus................. 2 fr.

GRAVILLON (ARTHUR DE).

A propos de bottes. 1 vol. in-8, orné de gravures.... 3 fr.

HOCQUART.

Le Vétérinaire pratique, traitant des soins à donner aux chevaux, aux bœufs, aux moutons, aux chiens, et en général à tous les animaux de basse-cour; 6e édit., revue et augmentée. 3 fr.

JOLLY (MAURICE).

Le Barreau de Paris. Études politiques et littéraires. 1 vol. in-18 jésus.................................... 3 fr. 50

KOCK (HENRY DE).

Les Mémoires d'un cabotin. 1 vol., avec 3 grav.... 3 fr.
La Voleuse d'amour. 1 vol., avec 5 grav............ 3 fr.
Les Accapareuses. 1 vol., avec 2 grav.............. 3 fr.
La Nouvelle Manon. 1 vol., avec une eau-forte....... 3 fr.
L'Amour bossu. 1 vol., avec une eau-forte........... 3 fr.
Les Petites Chattes de ces Messieurs. 1 vol. in-18 jés. 3 fr.
Guide de l'amoureux à Paris. 1 vol. avec une vig.. 3 fr.

LAMARTINE.

Recueillements poétiques. 1 vol. in-8........... 1 fr. 50
— — 1 vol. in-18 jésus..... 1 fr.

LARCHER.

Un dernier mot sur les femmes. 1 vol. in-32 jésus. 0 fr. 75

LEFEUVE.

Les anciennes Maisons de Paris sous Napoléon III, 60 livraisons (ouvrage complet) réunies en quatre beaux vol. suivis d'une table de concordance.......................... 20 fr.

LÉO (André).

Un Mariage scandaleux. 1 fort volume in-18 jésus de 500 pages.. 3 fr.

Une vieille Fille. 1 vol. in-18 jésus, avec une vignette. 2 fr.

Les deux Filles de M. Plichon. 1 vol............. 3 fr.

Jacques Galéron. 1 vol.......................... 1 fr. 50.

LÉO LESPÈS (Timothée Trim).

Avant de souffler sa bougie. 1 vol. in-18 jésus...... 3 fr.

Les Tentations d'Antoinette. 1 vol. (*sous presse*).

M. LESCURE (de).

Les Amours de Henri IV. 1 beau et fort vol. in-18 jésus, imprimé sur très-beau papier avec le plus grand soin, et orné de quatre beaux portraits historiques, dessinés par Boullay et Eug. Forest, d'après des originaux du temps.................. 4 fr.

Il a été tiré de ce livre cent exemplaires de luxe numérotés, sur chine, sur vélin et sur papier chamois, avec épreuves tirées sur chine avant la lettre. Il reste à vendre seulement quelques exemplaires sur vélin, à 8 fr.

Les Amours de François Ier. 1 beau volume avec une eau-forte.. 3 fr.

LOTHIAN (Marquis de).

La Question américaine. 1 vol. in-8................ 6 fr.

MALO (Ch.).

Femmes et Fleurs, rose à douze feuilles, *petites photographies badines.* 1 très-joli volume in-32 jésus, avec couverture tirée en rouge et noir.................................... 1 fr. 50

MARANCOUR (de).

La Rouge et la Noire. 1 vol. in-18 jésus............. 3 fr.

MONTEMERLI (Comtesse Marie).

Entre deux Femmes. 1 vol. in-18 jésus............. 3 fr.

NADAUD.

Chansons; nouvelle édition contenant toutes les nouvelles chansons. 1 vol. in-18 jésus .... 4 fr.

OLLIVIER (Raoul).

Séduction. 1 vol. in-18 jésus .... 3 fr.

PAUL (Adrien).

Les Finesses de d'Argenson. 1 vol. in-18 jésus, orné de deux vignettes sur bois .... 3 fr.

La Suite du pilote Willis et du Robinson suisse. 1 volume d'étrennes (*sous presse*).

PAYA.

Les Cachots du Pape. 2e édition. 1 vol. in-18 jésus... 3 fr.

ROUSSELON.

Le Jardinier pratique. 1 fort vol. in-18 jésus de 536 pages, avec 200 vignettes .... 3 fr.

SÉGALAS (Mme Anaïs).

Les Mystères de la maison. 1 vol. in-18 jésus....... 3 fr.

WAILLY (Jules de).

La Vierge folle. 1 vol. in-18 jésus .... 3 fr.

M. Faure expédiera ses publications en compte à MM. les libraires qui lui en feront la demande, avec faculté de retour et d'échange, et prendra note, s'ils le désirent, de leur adresser ses nouveautés d'office.

Corbeil, typ. et stér. de Crété.

EN VENTE A LA MÊME LIBRAIRIE

Nos Gens de lettres, par ALC. DUSOLIER. 1 vol. in-18... 3 fr.

Les deux Filles de M. Plichon, par ANDRÉ LÉO. 1 vol. 3 fr.

Une vieille Fille, par ANDRÉ LÉO. 1 vol. in-18 jésus, avec une vignette........................... 2 fr.

Un Mariage scandaleux, par ANDRÉ LÉO (Deuxième édition). 1 vol. in-18 jésus........................... 3 fr.

L'Amérique telle qu'elle est, par OSCAR COMETTANT. 1 vol. in-18 jésus, avec 2 vignettes........................... 3 fr.

En Vacances, par OSCAR COMETTANT. 1 vol. in-18 jésus, avec 2 vignettes........................... 3 fr.

Le Fumier d'Ennius, par ALFRED DELVAU, avec une eau-forte........................... 3 fr.

Impressions d'un Japonais en France, par RICHARD CORTAMBERT. 1 vol. in-18 jésus........................... 2 fr.

Les Ornières de la vie, par JULES CLARETIE. 1 vol. in-18 jésus, avec 2 vignettes........................... 3 fr.

Les Sabotiers de la forêt Noire, par EMMANUEL GONZALÈS. 1 vol. in-18 jésus, avec 2 vignettes........................... 3 fr.

Les Amours de Henri IV, par M. DE LESCURE. Un beau et fort vol. in-18 jésus, avec 4 portraits historiques........................... 4 fr.

La Question américaine, par le marquis de LOTHIAN. 1 vol. in-8........................... 6 fr.

Épisodes de la guerre de Pologne, par EUG. D'ARNOULT. 1 vol. in-18 jésus........................... 3 fr.

Les Finesses de d'Argenson, par ADRIEN PAUL. 1 vol. in-18 jésus, avec 2 vignettes........................... 3 fr.

Séduction, par RAOUL OLLIVIER. 1 vol. in-18 jésus....... 3 fr.

La Télégraphie électrique, son histoire, etc., par PHILIPPE DAURIAC. 1 vol. in-18 jésus........................... 1 fr.

L'Amateur photographe, par CH. BRIDE. *Guide pratique de photographie*, avec nombreuses vignettes. 1 vol. in-18.... 3 fr.

CORBEIL, TYP. ET STÉR. DE CRÉTÉ.

www.ingramcontent.com/pod-product-compliance
Ingram Content Group UK Ltd.
Pitfield, Milton Keynes, MK11 3LW, UK
UKHW012159240726
13966UKWH00002B/452

9 782011 763617